초등 수학 문제 풀이 식(式) 쓰기

4-1

서울대 선배들의 똑똑필사

초등 수학 문제 풀이 식 쓰기 4-1

지은이 이윤원
펴낸이 정규도
펴낸곳 (주)다락원

초판 1쇄 발행 2025년 10월 10일

기획 권혁주, 김태광
편집장 이후춘
편집 김효은, 박소영

디자인 하태호, 김희정
필사 김태림, 안혜주, 최수빈

다락원 경기도 파주시 문발로 211
내용문의: (02)736-2031 내선 291~296
구입문의: (02)736-2031 내선 250~252
Fax: (02)732-2037
출판등록 1977년 9월 16일 제406-2008-000007호

Copyright © 2025, 이윤원

저자 및 출판사의 허락 없이 이 책의 일부 또는 전부를 무단 복제·전재·발췌할 수 없습니다. 구입 후 철회는 회사 내규에 부합하는 경우에 가능하므로 구입 문의처에 문의하시기 바랍니다. 분실·파손 등에 따른 소비자 피해에 대해서는 공정거래위원회에서 고시한 소비자 분쟁 해결 기준에 따라 보상 가능합니다. 잘못된 책은 바꿔 드립니다.

ISBN 978-89-277-7535-5 63410

http://www.darakwon.co.kr

- 다락원 홈페이지를 방문하시면 상세한 출판 정보와 함께 동영상 강좌, MP3 자료 등 다양한 어학 정보를 얻으실 수 있습니다.

똑바로 따라 쓰며 똑똑히 푸는

서울대 선배들의 똑똑필사

2022 개정 교육과정 반영

초등 수학 문제 풀이 식(式) 쓰기

이윤원 저

4-1

다락원

머리말

"식을 써야 실력이 쌓인다!"

수학을 감으로 풀고 있지 않나요?
식을 쓰지 않고 머릿속으로만 계산해서
수학 문제를 풀다 보면 계산 실수를 계속하고,
어려운 문제에는 쉽게 접근하지 못하게 됩니다.
그러다 보면 정확한 풀이는 모른 채
어영부영 넘어가게 됩니다.

더 큰 문제는 중·고등학교에 진학하면
훨씬 복잡하고 긴 식을 쓰면서
수학 문제를 풀어야 한다는 점입니다.
초등학교 때부터 식을 쓰는 습관이 잡혀 있지 않으면
수학 문제를 풀 때마다 어려움을 겪으며
결국 중·고등 수학의 식 풀이에 높은 벽을 느끼게 될 것입니다.

그래서 많은 학부모님과 선생님들께서
풀이 과정에 따라 식을 써서 정확히 풀도록 지도하시지만
학생들이 귀찮다며 잘 따르지 않거나
식을 어떻게 써야 할지 몰라
대충 넘어가는 경우가 많습니다.

이 책은 단순히 정답을 찾는 데 그치지 않고,
서울대 선배들의 풀이 과정을 또박또박 따라 적어 보면서
문제를 어떤 식으로 정리하고 풀어야 할지를 익히고,
그 과정을 통해 풀이의 완성도를 높일 수 있도록 도와줍니다.

처음에는 어색하겠지만
이 책을 통해 식 쓰기 연습을 하다 보면
어느새 풀이 과정을 정확히 쓰면서
자연스레 문제를 풀고 있는 자신을 발견하게 될 겁니다.

서울대 선배들의 한마디

김 태 림 (서울대 경영학과 25학번)

안녕하세요. 서울대 경영학과에 재학 중인 김태림입니다.
수학이 처음에는 어려울 수 있지만, 차근차근 풀이 과정을 적는 연습을 하다 보면 생각이 정리되고 실력이 금방 늘어요! 이 책은 풀이 과정을 직접 따라 적으면서 문제 푸는 방법을 학습할 수 있어요. 처음에는 풀이 과정을 꼼꼼하게 적는 게 어렵게 느껴질 수 있지만, 이 책으로 반복해서 연습하면 곧 익숙해지고, 수학이 재미있어질 거예요. 문제를 풀다가 막히더라도 포기하지 말고 다시 도전해 보세요. 꾸준히 노력한다면 실력도 늘고 자신감도 더 생길 거예요. 언제나 응원합니다.

안 혜 주 (서울대 자유전공학부 25학번)

안녕하세요. 서울대학교 자유전공학부에 재학 중인 안혜주입니다. 저는 또래에 비해 수학학원에 늦게 다니기 시작했고 혼자 공부하다 보니 부족한 부분이 많았습니다. 특히 서술형 문제에서 그러한 갈증을 많이 느꼈습니다. 대학생이 된 지금도 간결하고 좋은 풀이를 스스로 쓰기란 참 어렵다고 느낍니다. 그렇기에 좋은 풀이를 쓸 수 있도록 도와주는 이 책이 여러분에게 큰 도움이 될 것이라 생각합니다. 이 책과 함께 기초를 다지며 수학에 흥미를 붙일 수 있길 바랍니다.:)

최 수 빈 (서울대 인류학과 23학번)

안녕하세요. 서울대학교 인류학과 최수빈입니다.
우선 이 책을 공부하게 된 여러분 모두를 진심으로 응원합니다! 수학을 필사하는 교재는 처음이라 조금 낯설 수 있지만, 한 글자 한 글자 정성스럽게 써 내려가다 보면 어느새 수학적 풀이를 스스로 할 수 있게 될 거예요. 중요한 건 빨리 푸는 게 아니라 이해하며 풀기! 풀이를 따라 써 보고 빈칸을 채워가며 수학의 원리를 하나씩 익혀보세요. 여러분의 멋진 도전을 늘 응원합니다. :)
[선배의 팁] 모를 수 있어요. 중요한 건 궁금해하고, 끝까지 해보려는 마음입니다. 모를 때는 천천히 하나씩 해봐요!

9주 완성 습관 형성 챌린지

자신의 실력에 맞게 목표를 세워 공부하면 식 쓰기 습관을 형성할 수 있습니다.
공부한 날짜를 적고 매일 공부하는 습관을 길러 보세요. 하루에 한 문제, 십 분만 해도 괜찮아요! 매일 꾸준히 공부하는 습관이 중요해요. 조금씩 실력을 쌓아가면 수학 문제에 자신감도 생기고 생각하는 힘도 쑥쑥 자랄 거예요. 공부하는 습관을 기르는 게 실력 향상의 비법이에요!

1주차 — 1. 큰 수 STEP 1, STEP 2

~ 쪽 월 일	~ 쪽 월 일	~ 쪽 월 일	~ 쪽 월 일	~ 쪽 월 일

2주차 — 1. 큰 수 STEP 3, 2. 각도 STEP 1

~ 쪽 월 일	~ 쪽 월 일	~ 쪽 월 일	~ 쪽 월 일	~ 쪽 월 일

3주차 — 2. 각도 STEP 2, STEP 3

~ 쪽 월 일	~ 쪽 월 일	~ 쪽 월 일	~ 쪽 월 일	~ 쪽 월 일

4주차 — 3. 곱셈과 나눗셈 STEP 1, STEP 2

~ 쪽 월 일	~ 쪽 월 일	~ 쪽 월 일	~ 쪽 월 일	~ 쪽 월 일

5주차
3. 곱셈과 나눗셈 STEP 3 4. 평면도형의 이동 STEP 1

~ 쪽	~ 쪽	~ 쪽	~ 쪽	~ 쪽
월 일	월 일	월 일	월 일	월 일

6주차
4. 평면도형의 이동 STEP 2 STEP 3

~ 쪽	~ 쪽	~ 쪽	~ 쪽	~ 쪽
월 일	월 일	월 일	월 일	월 일

7주차
5. 막대그래프 STEP 1 STEP 2

~ 쪽	~ 쪽	~ 쪽	~ 쪽	~ 쪽
월 일	월 일	월 일	월 일	월 일

8주차
5. 막대그래프 STEP 3 6. 규칙 찾기 STEP 1

~ 쪽	~ 쪽	~ 쪽	~ 쪽	~ 쪽
월 일	월 일	월 일	월 일	월 일

9주차
6. 규칙 찾기 STEP 2 STEP 3

~ 쪽	~ 쪽	~ 쪽	~ 쪽	~ 쪽
월 일	월 일	월 일	월 일	월 일

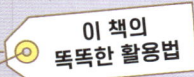

정확히 식을 쓰면서 문제를 푸는 습관!

수학 문제를 풀 때 단계별로 식을 정확히 쓰면서 푸는 연습은 반드시 필요해요.
이 책은 문제의 풀이 과정을 직접 따라 쓰면서 스스로 식을 쓰는 방법을 익힐 수 있도록 했어요.
서울대 선배들이 손글씨로 쓴 풀이 과정을 직접 따라 쓰면서 식을 세워 문제를 풀어 나가는 습관을 기르면 어떤 문제든 스스로 풀이 과정을 만들어 해결할 수 있다는 자신감이 생길 거예요.

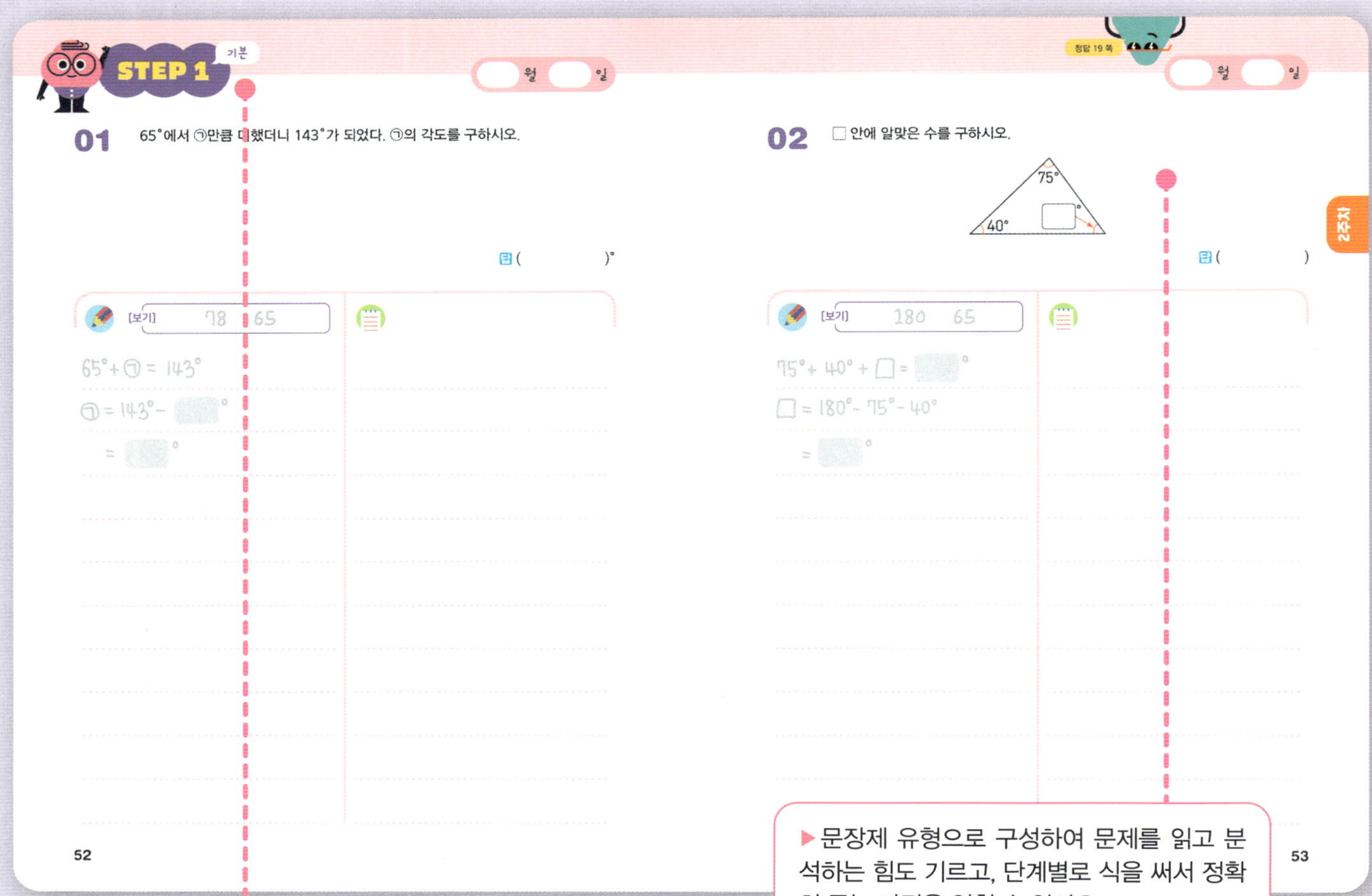

▶ 기본, 응용, 심화 수준의 문제를 하나의 STEP에 모두 제공하여 다양한 난이도를 함께 공부할 수 있어요.

▶ STEP1, STEP2, STEP3로 충분히 반복 학습할 수 있도록 하여 완벽하게 마스터할 수 있어요.

▶ 문장제 유형으로 구성하여 문제를 읽고 분석하는 힘도 기르고, 단계별로 식을 써서 정확히 푸는 과정을 익힐 수 있어요.

▶ '빠르게 확인하는 정답'과 풀이를 분권으로 제공하여 편하게 확인하고 학습할 수 있어요.

직접 쓴 손글씨를 따라 쓰면서 풀이식의 과정을 완벽하게 이해!

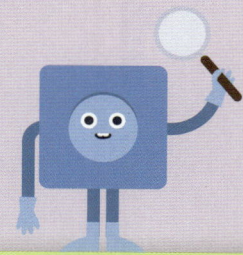

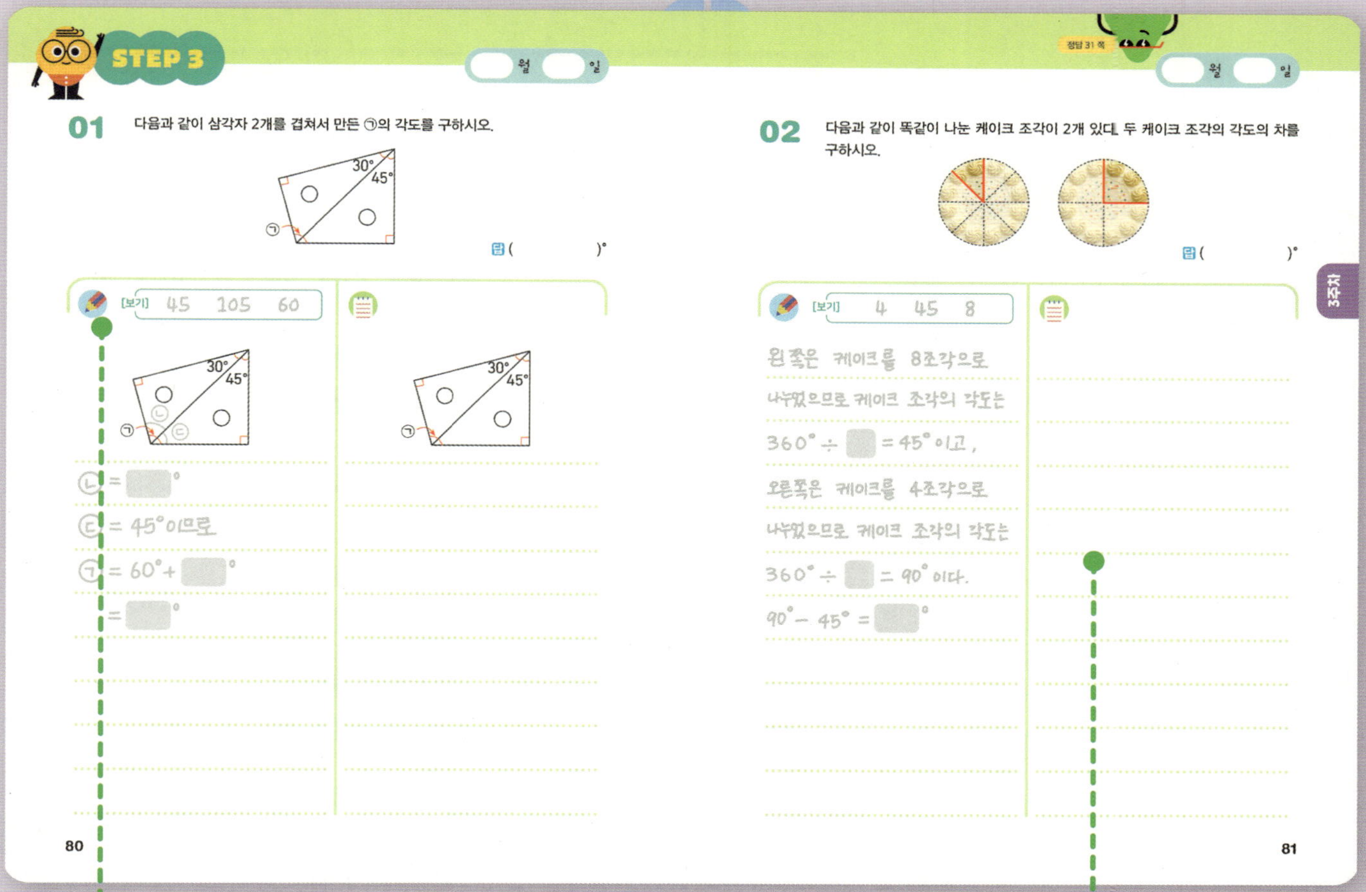

STEP 3

월 일

01 다음과 같이 삼각자 2개를 겹쳐서 만든 ㉠의 각도를 구하시오.

답 ( )°

[보기] 45 105 60

㉡ = ☐°

㉢ = 45°이므로

㉠ = 60° + ☐°

= ☐°

80

정답 31쪽

월 일

02 다음과 같이 똑같이 나눈 케이크 조각이 2개 있다. 두 케이크 조각의 각도의 차를 구하시오.

답 ( )°

[보기] 4 45 8

왼쪽은 케이크를 8조각으로 나누었으므로 케이크 조각의 각도는 360° ÷ ☐ = 45°이고,

오른쪽은 케이크를 4조각으로 나누었으므로 케이크 조각의 각도는 360° ÷ ☐ = 90°이다.

90° − 45° = ☐°

3주차

81

▶ 서울대 선배들의 풀이 과정을 직접 따라 써 보세요. 왜 이런 풀이 과정인지 생각하고 이해하면서 쓰는 것이 중요해요.
▶ 빈칸에는 [보기]에서 알맞은 답을 골라 서울대 선배들의 풀이 과정 가이드라인을 따라 써 보세요.

▶ 빈 공간에 다시 한번 풀이 과정을 직접 쓰면서 왜 이렇게 푸는지 생각해 보고 식을 어떻게 써야 하는지 익히세요.

차례

- 머리말
- 서울대 선배들의 한마디
- 9주 완성 습관 형성 챌린지
- 이 책의 똑똑한 활용법

1 큰 수
- STEP 1 — 014쪽
- STEP 2 — 028쪽
- STEP 3 — 042쪽

2 각도
- STEP 1 — 052쪽
- STEP 2 — 066쪽
- STEP 3 — 080쪽

3 곱셈과 나눗셈
- STEP 1 — 090쪽
- STEP 2 — 104쪽
- STEP 3 — 118쪽

4 평면도형의 이동

- STEP 1   128쪽
- STEP 2   142쪽
- STEP 3   156쪽

5 막대그래프

- STEP 1   166쪽
- STEP 2   180쪽
- STEP 3   194쪽

6 규칙 찾기

- STEP 1   204쪽
- STEP 2   218쪽
- STEP 3   232쪽

[별책부록] **정답 및 풀이**

1 큰 수

이번 단원에서 학습할 내용!
- 만, 다섯 자리 수
- 십만, 백만, 천만
- 억, 조
- 뛰어 세기
- 수의 크기 비교

01 승우는 10000원짜리 지폐 4장, 1000원짜리 지폐 15장, 100원짜리 동전 6개, 10원짜리 동전 37개를 모았다. 승우가 모은 돈은 모두 얼마인지 구하시오.

답 (   ) 원

[보기] 55970   15000

10000원 4장 → 40000원
1000원 15장 → ☐ 원
100원 6개 → 600원
10원 37개 → 370원
―――――――――――
        ☐ 원

02

민호는 13만 원짜리 운동화를 사려고 한다. 민호가 지금 가지고 있는 돈은 45000원이고, 다음 달부터 매달 25000원씩 모은다고 한다. 몇 개월 후에 운동화를 살 수 있는지 구하시오.

답 (　　　　)개월 후

[보기]　120000　4

45000에서 25000씩 뛰어 세면

45000-70000-95000-　　　-145000이다.

45000에서 25000씩 　　 번 뛰어 센 수가 145000이므로 4개월 후에 운동화를 살 수 있다.

03 ㉠이 나타내는 값은 ㉡이 나타내는 값의 몇 배인지 구하시오.

185927541638
㉠   ㉡

답 (   )배

[보기] 십만 10000 십억

㉠은 [십억]의 자리 숫자이므로
5000000000을 나타내고,
㉡은 [십만]의 자리 숫자이므로
500000을 나타낸다.
5000000000은 500000보다
0이 4개 더 많으므로
㉠이 나타내는 값은 ㉡이
나타내는 값의 [10000] 배이다.

04
수 카드를 모두 한 번씩만 사용하여 다섯 자리 수를 만들려고 한다. 백의 자리 숫자가 6인 수 중에서 가장 큰 수를 구하시오.

7 2 6 5 0

답 (   )

[보기] 큰 75620 높은

7 > 6 > 5 > 2 > 0

백의 자리 숫자가 6인

다섯 자리 수 :

☐ ☐ 6 ☐ ☐

남은 수를 ▢ 수부터

▢ 자리에 차례대로 놓는다.

백의 자리 숫자가 6인 수 중

가장 큰 수 : ▢

05 0부터 9까지의 수 중에서 □ 안에 들어갈 수 있는 수는 모두 몇 개인지 구하시오.

$$358\boxed{}19 > 358460$$

답 ( )개

[보기] 5 6 4

십만부터 천의 자리 수까지 각각 같으므로 십의 자리 수를 비교하면 4 < ▢이다.

□는 ▢보다 커야 하므로

□ 안에 들어갈 수 있는 수:

5, 6, 7, 8, 9 → ▢ 개

06 다음을 9자리 수로 나타낼 때 0은 모두 몇 개인지 구하시오.

1억이 6개, 1만이 250개, 일이 853개인 수

답 (　　　　)개

[보기] 602500853　　3

1억이　6개 → 600000000
1만이　250개 →　　2500000
일이　853개 →　　　　　853

6̲0̲2̲5̲0̲0̲853이므로

0은 모두 ☐개이다.

 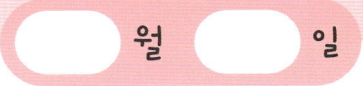

07 조건에 알맞은 수를 구하시오.

- 5부터 9까지의 숫자를 한 번씩만 사용하여 만든 다섯 자리 수이다.
- 85000보다 크고 86000보다 작은 수이다.
- 백의 자리 숫자는 짝수이다.
- 십의 자리 숫자는 일의 자리 숫자보다 크다.

답 (   )

[보기] 6 9 85697

5, 6, 7, 8, 9를 한 번씩 사용해 만든 다섯 자리 수 → ☐☐☐☐☐

85000보다 크고 86000보다 작은 수 → 8 5 ☐ ☐ ☐

백의 자리 숫자는 짝수이므로 ☐ 이다. → 8 5 6 ☐ ☐

십의 자리 숫자는 일의 자리 숫자보다 크므로 ☐ 이고, 일의 자리 숫자는 7이다.

→ ☐

08 다음 수직선에서 ㉠이 나타내는 수를 구하시오.

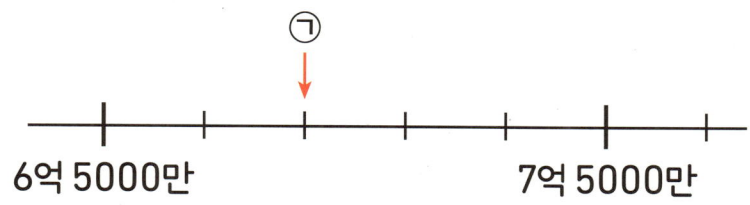

답 (   )억 (   )만

[보기] 6억 9000만 2000만

눈금 5칸이

7억 5000만 − 6억 5000만 =

1억이므로 눈금 한 칸은

▢ 을 나타낸다.

㉠이 나타내는 수는

6억 5000만에서 2000만씩

2번 뛰어 센 수이므로

6억 5000만 − 6억 7000만 −

▢ 이다.

09 어떤 수에서 150억씩 5번 뛰어 세어야 하는데 잘못하여 1500억씩 5번 뛰어 세었더니 9500억이 되었다. 바르게 뛰어 센 수는 얼마인지 구하시오.

답 (　　　　)억

[보기] 2750억 3500억

9500억에서 1500억씩 거꾸로 5번 뛰어 세면 어떤 수는 9500억-8000억-6500억-5000억-　　　-2000억이다.
바르게 뛰어 센 수는 2000억에서 150억씩 5번 뛰어 센 수이므로 2000억-2150억-2300억-2450억-2600억 　　　 이다.

월 일

10 수 카드를 모두 한 번씩만 사용하여 만들 수 있는 여섯 자리 수 중에서 40만에 가장 가까운 수는 얼마인지 구하시오.

1 2 3 4 5 6

답 (   )

[보기] 365421 412356

40만보다 큰 여섯 자리 수 중
가장 작은 수는 412356이고,
40만보다 작은 여섯 자리 수 중
가장 큰 수는 ☐ 이다.
412356 - 400000 = 12356
400000 - 365421 = 34579
12356 < 34579 이므로
만들 수 있는 여섯 자리 수 중
40만에 가장 가까운 수 :
☐

11 5조 7125억에서 2번 뛰어 세었더니 5조 9325억이 되었다. 같은 규칙으로 7조 8000억에서 4번 뛰어 센 수는 얼마인지 구하시오.

답 (　　　)조 (　　　)억

[보기] 8조2400억 1100억

2번 뛰어 세어서 2200억이 커졌으므로 　　　 씩 뛰어 세는 규칙이다.

7조 8000억에서 1100억씩 4번 뛰어 세면

7조 8000억 - 7조 9100억 - 8조 200억 - 8조 1300억 - 　　　 이다.

12 □ 안에 알맞은 수를 구하시오.

1895670은 100000이 16개, 10000이 27개, 1000이 □개, 100이 13개, 10이 37개인 수이다.

답 (   )

 [보기]   24   1871670

100000이 16개 → 1600000

10000이 27개 → 270000

100이 13개 → 1300

10이 37개 → 370

1895670 − 1871670 =

24000 이므로 24000은

1000이 24개인 수이다.

□ =

13 은행에 저금한 돈 18300000원을 100만 원짜리 수표와 10만 원짜리 수표로 찾았더니 수표가 모두 30장이었다. 은행에서 찾은 10만 원짜리 수표는 몇 장인지 구하시오.

답 (　　　)장

[보기]　18　13　30

18300000원은 100만 원짜리 수표로 ◻장까지 바꿀 수 있으므로

100만 원(장)	10만 원(장)	합(장)
18	3	21
17	13	30
⋮	⋮	⋮

은행에서 찾은 수표가 모두 ◻장이므로

100만 원짜리 수표는 17장,

10만 원짜리 수표는 ◻장이다.

14 산불 피해 복구 성금으로 40억 원을 모으려고 한다. 한 사람이 10만 원씩 기부한다면 모두 몇 명이 기부해야 하는지 구하시오.

답 (   )명

[보기] 40000   100000

40억 원은
4000000000원이고,
10만 원은 100000원이다.
4000000000은 □의
40000배이므로 한 사람이
10만 원씩 기부한다면
□명이 기부해야 한다.

 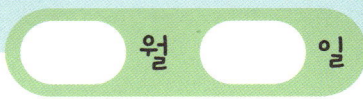

01 연우는 10000원짜리 지폐 3장, 1000원짜리 지폐 14장, 100원짜리 동전 25개, 10원짜리 동전 7개를 모았다. 연우가 모은 돈은 모두 얼마인지 구하시오.

답 (   )원

[보기] 46570 14000

10000원 3장 → 30000원
1000원 14장 →   원
100원 25개 → 2500원
10원 7개 →   70원
─────────────────
                   원

02 시호의 통장에는 175000원이 있다. 다음 달부터 매월 4만 원씩 저금한다면 지금으로부터 3개월 후 시호의 통장에 있는 돈은 모두 얼마인지 구하시오.

답 (　　　　)원

[보기] 215000　295000

175000에서 40000씩

3번 뛰어 세면

175000 - ☐ -

255000 - 295000 이다.

3개월 후 시호의 통장에 있는 돈:

☐ 원

03 ㉠이 나타내는 값은 ㉡이 나타내는 값의 몇 배인지 구하시오.

43602831027
　㉠　　㉡

답 (　　　　)배

[보기] 만　100000　십억

㉠은 [　　] 의 자리 숫자이므로

3000000000을 나타내고,

㉡은 [　　] 의 자리 숫자이므로

30000을 나타낸다.

3000000000은 30000보다

0이 5개 더 많으므로

㉠이 나타내는 값은 ㉡이

나타내는 값의 [　　　　] 배이다.

04 수 카드를 모두 한 번씩만 사용하여 다섯 자리 수를 만들려고 한다. 천의 자리 숫자가 4인 수 중에서 가장 작은 수를 구하시오.

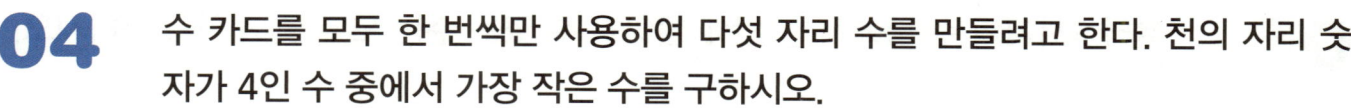

답 (   )

[보기] 백 14089 만

0 < 1 < 4 < 8 < 9

천의 자리 숫자가 4인

다섯 자리 수 :

□ ④ □ □ □

☐의 자리에 0이 올 수 없으므로

☐의 자리에 0을 놓은 다음,

남은 수를 작은 수부터

높은 자리에 차례대로 놓는다.

천의 자리 숫자가 4인 수 중

가장 작은 수 : ☐

05 0부터 9까지의 수 중에서 □ 안에 들어갈 수 있는 수는 모두 몇 개인지 구하시오.

$$635281730 > 635\square92067$$

답 (　　　)개

[보기]　만　2　백만

억부터 [　] 의 자리 수까지 각각 같으므로 [　] 의 자리 수를 비교하면 8<9이다.

□는 2보다 작아야 하므로

□ 안에 들어갈 수 있는 수:

0, 1 → [　] 개

06 다음을 10자리 수로 나타낼 때 0은 모두 몇 개인지 구하시오.

1억이 10개, 1만이 205개, 일이 49개인 수

답 ( )개

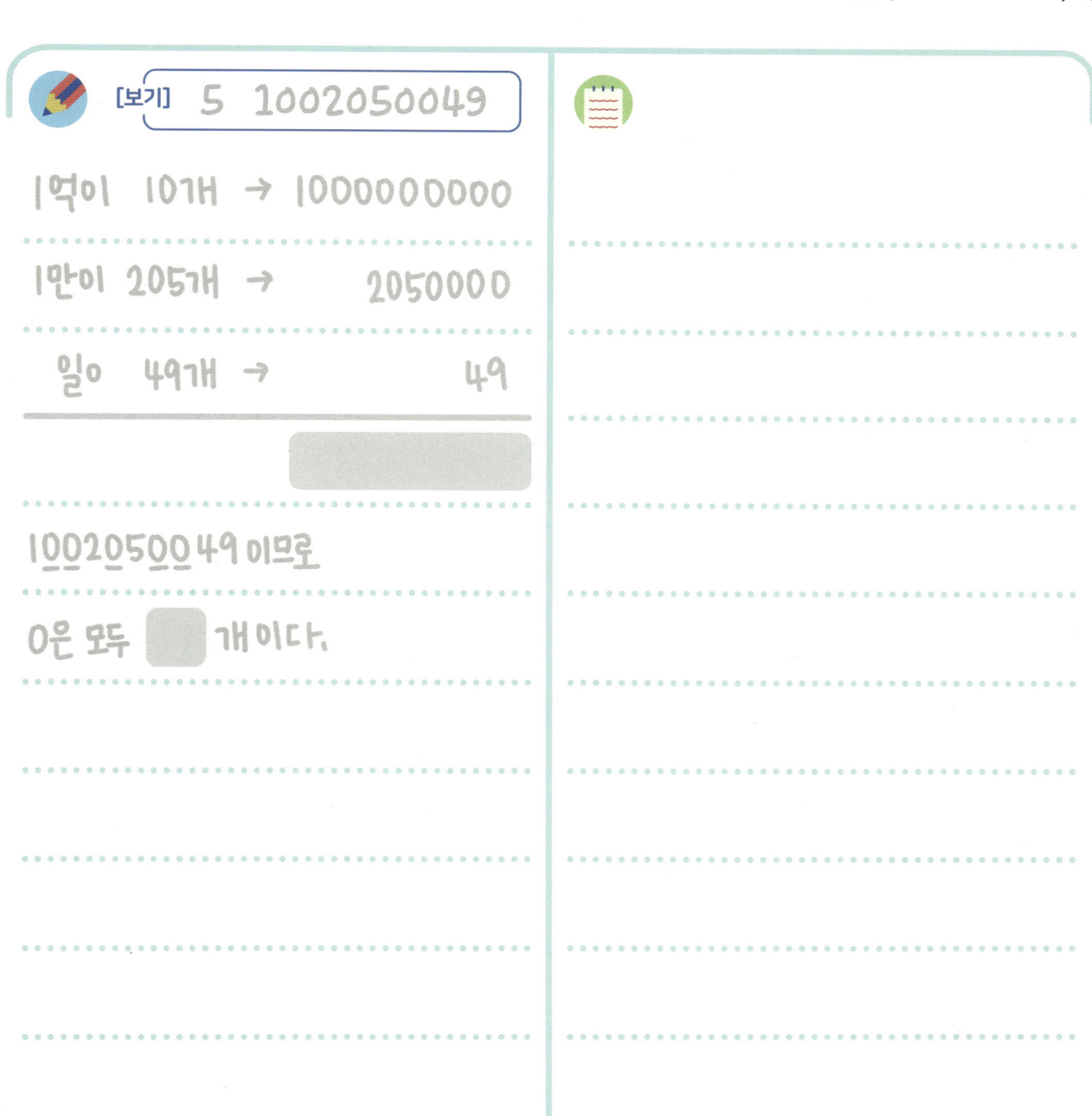

[보기] 5 1002050049

1억이 10개 → 1000000000

1만이 205개 → 2050000

일이 49개 → 49

10020500 49 이므로

0은 모두 ☐ 개이다.

STEP 2 응용

07 조건에 알맞은 수를 구하시오.

- 0부터 5까지의 숫자를 한 번씩만 사용하여 만든 여섯 자리 수이다.
- 523000보다 크고 524000보다 작은 수이다.
- 백의 자리 숫자는 만의 자리 숫자의 2배이다.
- 십의 자리 숫자는 홀수이다.

답 (   )

[보기] 1 4 523410

0, 1, 2, 3, 4, 5를 한 번씩 사용해
만든 여섯 자리 수 → ☐☐☐☐☐☐

523000보다 크고 524000보다
작은 수 → 5 2 3 ☐ ☐ ☐

백의 자리 숫자는 만의 자리
숫자 2의 2배이므로 ☐ 이다.

→ 5 2 3 4 ☐ ☐

십의 자리 숫자는 홀수이므로 ☐ 이고,

일의 자리 숫자는 0이다.

→

08 다음 수직선에서 ㉠이 나타내는 수를 구하시오.

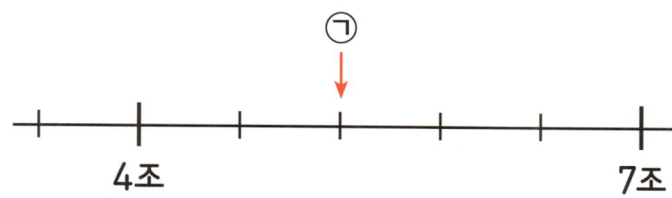

답 (　　　)조 (　　　)억

 [보기]　5조 2000억　6000억

눈금 5칸이

7조 - 4조 = 3조이므로

눈금 한 칸은

▨▨▨▨▨ 을 나타낸다.

㉠이 나타내는 수는 4조에서

6000억씩 2번 뛰어 센 수이므로

4조 - 4조 6000억 -

▨▨▨▨▨▨▨ 이다.

09 어떤 수에서 150억씩 5번 뛰어 세어야 하는데 잘못하여 1500억씩 5번 뛰어 세었더니 6조 7000억이 되었다. 바르게 뛰어 센 수는 얼마인지 구하시오.

답 ( )조 ( )억

[보기] 5조 9500억 6조 250억

6조 7000억에서 1500억씩 거꾸로

5번 뛰어 세면 어떤 수는

6조 7000억 - 6조 5500억 -

6조 4000억 - 6조 2500억 -

6조 1000억 -   이다.

바르게 뛰어 센 수는

5조 9500억에서 150억씩

5번 뛰어 센 수이므로

5조 9500억 - 5조 9650억 -

5조 9800억 - 5조 9950억 -

6조 100억 -   이다.

10 수 카드를 모두 한 번씩만 사용하여 만들 수 있는 여섯 자리 수 중에서 70만에 가장 가까운 수는 얼마인지 구하시오.

답 (　　　　　)

[보기] 698750　705689

70만보다 큰 여섯 자리 수 중
가장 작은 수는 _____ 이고,
70만보다 작은 여섯 자리 수 중
가장 큰 수는 698750이다.
705689 - 700000 = 5689
700000 - 698750 = 1250
5689 > 1250 이므로
만들 수 있는 여섯 자리 수 중
70만에 가장 가까운 수:
_____

 심화

11 4억 2370만에서 2번 뛰어 세었더니 4억 8770만이 되었다. 같은 규칙으로 13억 6000만에서 5번 뛰어 센 수는 얼마인지 구하시오.

답 (   )억 (   )만

[보기] 15억 2000만 6400만

2번 뛰어 세어서 ￼ 이 커졌으므로 3200만씩 뛰어 세는 규칙이다.

13억 6000만에서 3200만씩 5번 뛰어 세면

13억 6000만 - 13억 9200만 -

14억 2400만 - 14억 5600만 -

14억 8800만 - ￼ 이다.

12 □ 안에 알맞은 수를 구하시오.

7362900은 1000000이 3개, 100000이 □개, 10000이 25개, 1000이 11개, 100이 19개인 수이다.

답 (   )

 [보기]   41   3262900

1000000이 3개 → 3000000

10000이 25개 →   250000

1000이 11개 →   11000

100이 19개 →   1900

7362900 - 3262900 =

4100000이므로 4100000은

100000이 41개인 수이다.

□ =

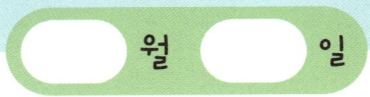

13 은행에 저금한 돈 24800000원을 100만 원짜리 수표와 10만 원짜리 수표로 찾았더니 수표가 모두 50장이었다. 은행에서 찾은 10만 원짜리 수표는 몇 장인지 구하시오.

답 (   )장

[보기] 28   24   18

24800000원은 100만 원짜리 수표로 ☐ 장까지 바꿀 수 있으므로

100만 원(장)	10만 원(장)	합(장)
24	8	32
23	☐	41
22	28	50
⋮	⋮	⋮

은행에서 찾은 수표가 모두 50장이므로 100만 원짜리 수표는 22장, 10만 원짜리 수표는 ☐ 장이다.

14 태풍 피해 복구 성금으로 25억 원을 모으려고 한다. 한 사람이 만 원씩 기부한다면 모두 몇 명이 기부해야 하는지 구하시오.

답 (   )명

[보기] 250000   10000

25억 원은 2500000000원이고, 만 원은 10000원이다. 2500000000은 □의 250000배이므로 한 사람이 만 원씩 기부한다면 □명이 기부해야 한다.

01 어떤 수에서 650억씩 4번 뛰어 세었더니 8000억이 되었다. 어떤 수는 얼마인지 구하시오.

답 (　　　　)억

[보기] 5400억 7350억 6700억

8000억에서 650억씩 거꾸로 4번 뛰어 세면 어떤 수는
8000억 - ◯ - ◯ -
6050억 - ◯ 이다.

02 다음이 설명하는 수에서 조의 자리 숫자는 얼마인지 구하시오.

1조가 58개, 100억이 179개

답 (　　　　　)

[보기] 59조 9 7900억

1조가 58개 → 58조

100억이 179개 → 1조 ☐

☐ 7900억

조의 자리 숫자 : ☐

STEP 3

월 일

03 0부터 5까지의 숫자를 모두 한 번씩만 사용하여 여섯 자리 수를 만들려고 한다. 만의 자리 숫자가 4인 수 중에서 가장 작은 수를 구하시오.

답 (   )

[보기] 천 140235 십만

0부터 5까지의 숫자 :

0, 1, 2, 3, 4, 5

만의 자리 숫자가 4인 여섯 자리 수:

☐ 4 ☐ ☐ ☐ ☐

☐의 자리에 0이 올 수 없으므로

☐의 자리에 0을 놓은 다음,

남은 수를 작은 수부터

높은 자리에 차례대로 놓는다.

만의 자리 숫자가 4인 수 중

가장 작은 수 :

04 수직선에서 ㉠이 나타내는 수를 구하시오.

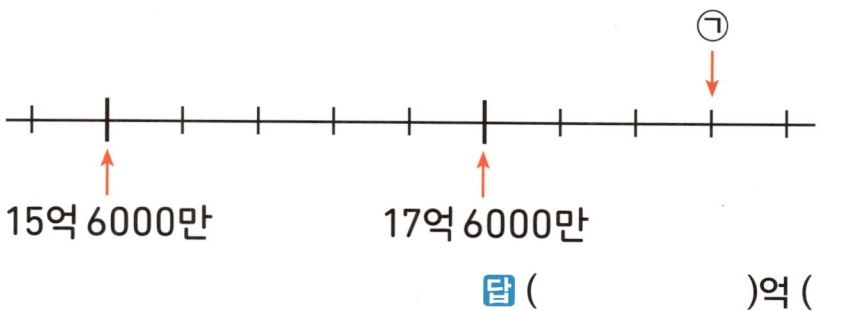

답 ( )억 ( )만

[보기] 18억 8000만 4000만

눈금 5칸이

17억 6000만 - 15억 6000만 =

2억이므로 눈금 한 칸은

￼을 나타낸다.

㉠이 나타내는 수는

17억 6000만에서 4000만씩

3번 뛰어 센 수이므로

17억 6000만 - 18억 -

18억 4000만 - ￼이다.

STEP 3

05 0부터 9까지의 수 중에서 □ 안에 들어갈 수 있는 수는 모두 몇 개인지 구하시오.

$$3945182 < 39\square5056$$

답 (　　　)개

[보기] 백 5 천

백만, 십만, ▢의 자리 수가
각각 같으므로 ▢의 자리수를
비교하면 1>0 이다.

□는 4보다 커야 하므로

□ 안에 들어갈 수 있는 수 :
5, 6, 7, 8, 9 → ▢ 개

06 어느 학생이 설립한 회사는 뛰어난 기술력으로 2025년에 1500만 달러였던 수출액이 매년 일정하게 증가하여 2035년에 7500만 달러가 되었다. 이 회사의 수출액이 앞으로도 해마다 같은 금액씩 증가한다면 수출액이 처음으로 1억 달러가 넘는 해는 몇 년인지 구하시오.

답 ( ) 년

[보기] 500만 2040 600만

수출액이 10년 동안
7500만 - 1500만 = 6000만(달러)
증가했으므로 해마다 ▢ 달러씩 증가하고 있다.
7500만에서 600만씩 뛰어 세면
7500만 (2035년) - 8100만 -
8700만 - 9300만 - 9900만 -
1억 ▢ (2040년)이다.
수출액이 처음으로 1억 달러가
넘는 해: ▢ 년

07 4조 8000억에서 600억씩 뛰어 셀 때 5조에 가장 가까운 수를 구하시오.

답 (　　　)조 (　　　)억

[보기] 5조 400억 4조 9800억

4조 8000억에서 600억씩

뛰어 세면

4조 8000억 - 4조 8600억 -

4조 9200억 - 4조 9800억 -

5조 400억 이다.

5조 - 4조 9800억 = 200억

　　　　　- 5조 = 400억

200억 < 400억이므로

5조에 가장 가까운 수 :

08 천 원짜리 지폐 100장의 두께는 약 10cm이다. 천 원짜리 지폐로 1억 원을 쌓으면 높이는 약 몇 cm가 되는지 구하시오.

답 약 ( )cm

[보기] 10000   100000

1억 원은 100000000원이고,

천 원은 1000원이다.

100000000은 1000의

☐ 배이므로

천 원짜리 지폐로 1억 원을 쌓으려면

100000장을 쌓아야 한다.

100000장은 100장의

1000배이므로 천 원짜리 지폐로

1억 원을 쌓으려면 높이는

약 10 × 1000 = ☐ (cm)이다.

2 각도

01 65°에서 ㉠만큼 더했더니 143°가 되었다. ㉠의 각도를 구하시오.

답 (   )°

[보기]   78   65

65° + ㉠ = 143°

㉠ = 143° − ☐°

   = ☐°

02 ☐ 안에 알맞은 수를 구하시오.

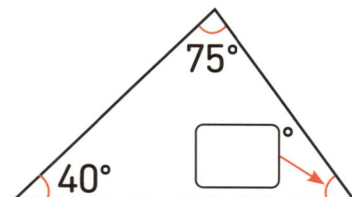

답 (   )

[보기]   180   65

$75° + 40° + \square = \boxed{}°$

$\square = 180° - 75° - 40°$

$ = \boxed{}°$

03 □ 안에 알맞은 수를 구하시오.

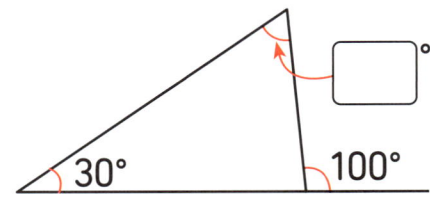

답 (   )

[보기] 80   180   70

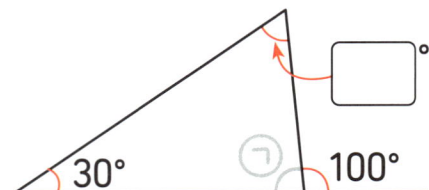

㉠ + 100° = 　°

㉠ = 180° − 100°
　 = 80°

□ + 30° + 　° = 180°

□ = 180° − 30° − 80°
　 = 　°

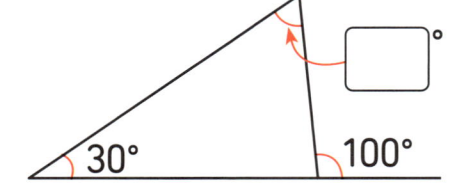

04 ㉠과 ㉡의 각도의 합을 구하시오.

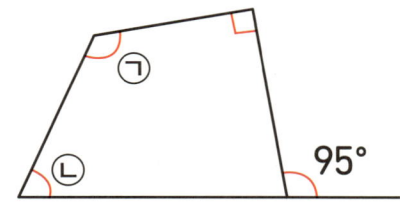

답 (　　　　)°

[보기]　360　　185　　95

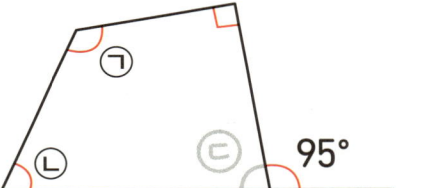

㉢ + 95° = 180°

㉢ = 180° - ☐°

　 = 85°

㉠ + ㉡ + 85° + 90° = ☐°

㉠ + ㉡ = 360° - 85° - 90°

　　　 = ☐°

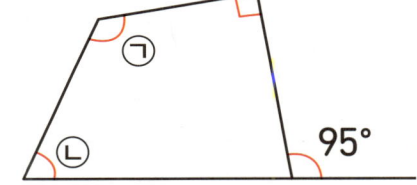

05 ㉠의 각도를 구하시오.

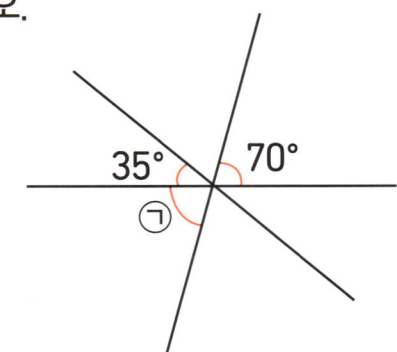

답 (　　　)°

[보기]　180　70　35

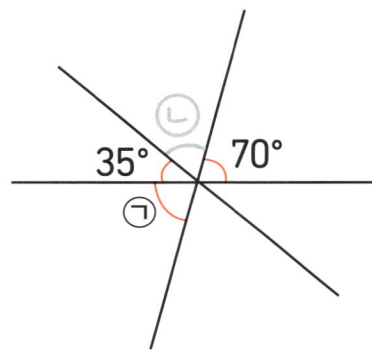

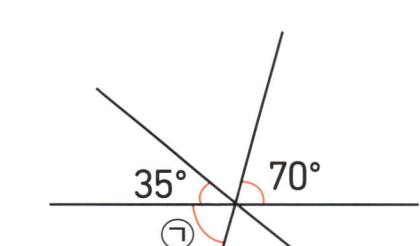

$35° + ㉡ + 70° = 180°$

$㉡ = 180° - \boxed{}° - 70°$

$= 75°$

$75° + 35° + ㉠ = \boxed{}°$

$㉠ = 180° - 75° - 35°$

$= \boxed{}°$

06
다음과 같이 삼각자를 2개 겹쳐서 만든 ㉠의 각도를 구하시오.

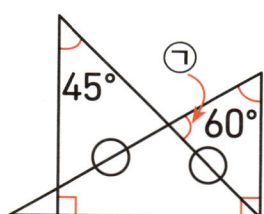

답 (   )°

[보기]   45   75   90

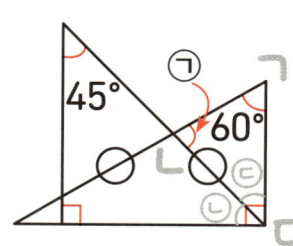

㉡ = 45°이므로

㉢ = ☐° − 45°

    = 45°

삼각형 ㄱㄴㄷ에서

60° + ㉠ + ☐° = 180°

㉠ = 180° − 60° − 45°

    = ☐°

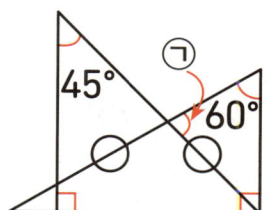

07 ㉠의 각도를 구하시오.

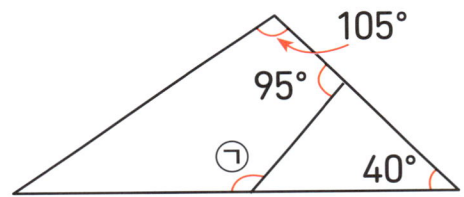

답 (   )°

[보기] 35   125   40

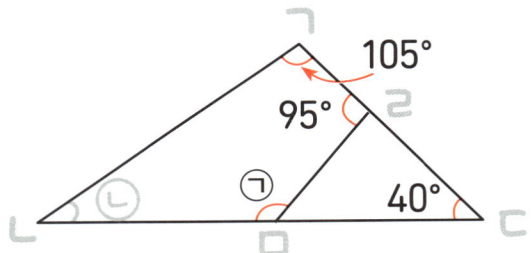

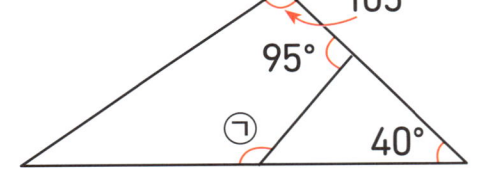

삼각형 ㄱㄴㄷ에서

105° + ㉡ + ◯° = 180°

㉡ = 180° - 105° - 40°

　= 35°

사각형 ㄱㄴㅁㄹ에서

105° + ◯° + ㉠ + 95° = 360°

㉠ = 360° - 105° - 35° - 95°

　= ◯°

08

㉠의 각도는 ㉡의 각도보다 55° 더 크다. ㉡의 각도를 구하시오.

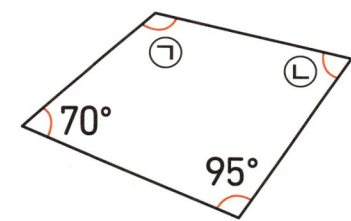

답 (   )°

[보기] 360 55 70

㉠ = ㉡ + ☐° 이므로

㉠ + 70° + 95° + ㉡ = 360°

(㉡ + 55°) + 70° + 95° + ㉡ = 360°

㉡ + ㉡ = ☐° − 55° − 70° − 95°

= 140°

㉡ = 140° ÷ 2

= ☐°

09 다음 도형에 표시된 각의 크기의 합을 구하시오.

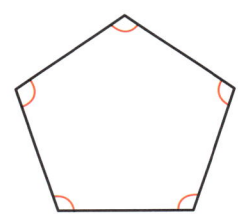

답 (　　　)°

[보기] 180   540   3

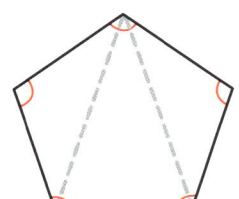   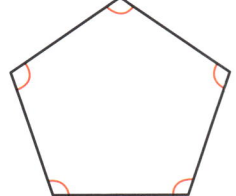

도형을 삼각형 ☐ 개로 나눌 수 있다.

도형에 표시된 각의 크기의 합

= ☐° × 3

= ☐°

60

10 ㉠의 각도를 구하시오.

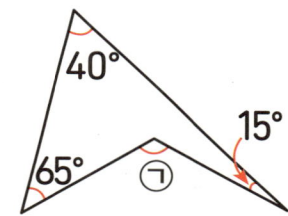

답 (   )°

[보기] 60   15   120

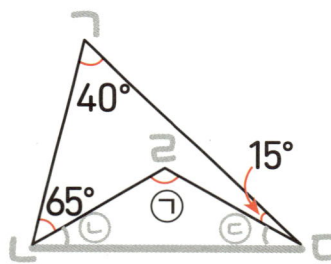

삼각형 ㄱㄴㄷ에서

40°+65°+㉡+㉢+ ☐ °=180°

㉡+㉢ = 180°−40°−65°−15°

= 60°

삼각형 ㄹㄴㄷ에서

㉠ + ㉡ + ㉢ = 180°

㉠ + ☐ ° = 180°

㉠ = 180° − 60° = ☐ °

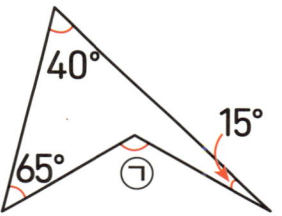

STEP 1 심화

11 다음 그림과 같이 직사각형 모양의 종이를 접었을 때, ㉠의 각도를 구하시오.

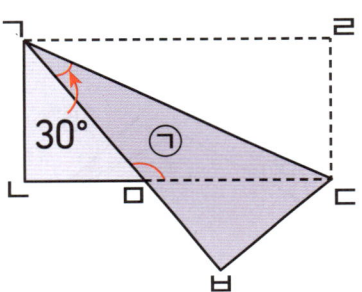

답 (   )°

  [보기] 60   120   30

(각 ㄹㄱㄷ) = (각 ㅂㄱㄷ) = ☐°

삼각형 ㄱㄷㄹ에서

30° + (각 ㄱㄷㄹ) + 90° = 180°

(각 ㄱㄷㄹ) = 180° - 30° - 90°
         = 60°

(각 ㄱㄷㅁ) = 90° - ☐°
         = 30°

삼각형 ㄱㅁㄷ에서

30° + ㉠ + 30° = 180°

㉠ = 180° - 30° - 30°
   = ☐°

12

다음 그림에서 ㉠, ㉡, ㉢, ㉣, ㉤, ㉥의 각도의 합을 구하시오.

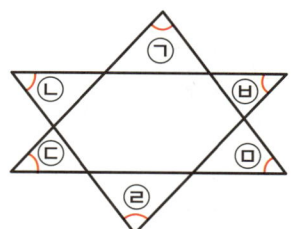

답 (   )°

[보기]   ㉥   360   ㉢

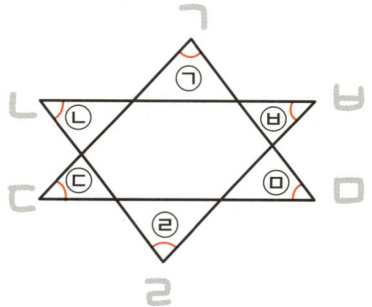

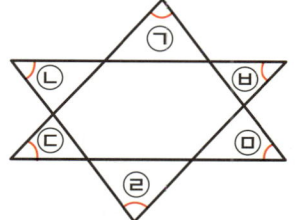

삼각형 ㄱㄷㅁ에서

㉠ + ㉢ + ㉤ = 180°,

삼각형 ㄴㄹㅂ에서

㉡ + ㉣ + ▢ = 180° 이므로

㉠ + ㉡ + ㉢ + ㉣ + ㉤ + ㉥

= (㉠ + ▢ + ㉤) + (㉡ + ㉣ + ㉥)

= 180° + 180°

= ▢°

13

다음 그림에서 ㉠, ㉡, ㉢, ㉣의 각도의 합을 구하시오.

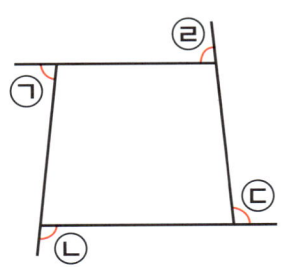

답 (   )°

[보기] 360

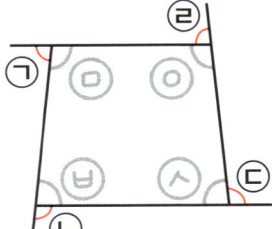

㉠+㉤=180°, ㉡+㉥=180°,

㉢+㉦=180°, ☐+㉧=180°,

㉤+㉥+㉦+㉧=360°이므로

㉠+㉡+㉢+㉣

=(㉠+㉤)+(㉡+㉥)+(㉢+㉦)

+(㉣+㉧)−(㉤+㉥+☐+㉧)

=180°+180°+180°+180°−360°

= ☐°

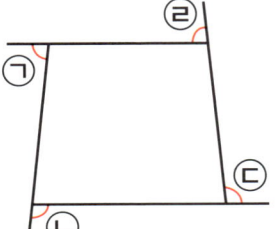

14 각 ㄱㄴㅁ과 각 ㅁㄴㄷ의 크기는 같고, 각 ㄹㄷㅁ과 각 ㅁㄷㄴ의 크기는 같다. ㉠의 각도를 구하시오.

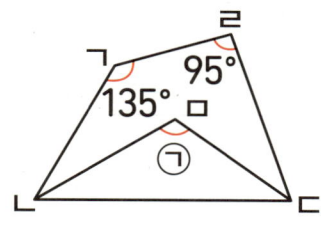

답 (   )°

 [보기]   2   115   95

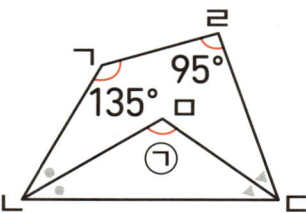

사각형 ㄱㄴㄷㄹ에서

$135° + • + • + ▲ + ▲ + \boxed{}° = 360°$

$• + • + ▲ + ▲ = 360° - 135° - 95°$

$(• + ▲) + (• + ▲) = 130°$

$• + ▲ = 130° ÷ \boxed{} = 65°$

삼각형 ㅁㄴㄷ에서

$㉠ + • + ▲ = 180°$

$㉠ + 65° = 180°$

$㉠ = 180° - 65° = \boxed{}°$

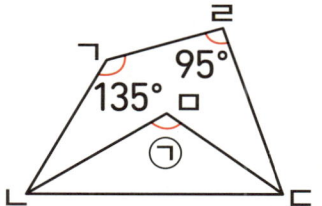

01 ㉠과 ㉡의 각도의 차를 구하시오.

- ㉠ : 35°보다 45°만큼 더 큰 각도
- ㉡ : 90°

답 (　　　)°

 [보기]　　10　　45

㉠ = 35° + ☐°
　 = 80°

㉡ - ㉠ = 90° - 80°
　　　　 = ☐°

02 ㉠과 ㉡의 각도의 합을 구하시오.

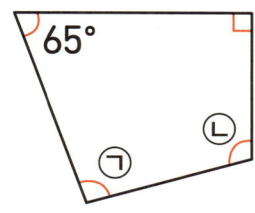

답 (   )°

[보기]   205   360

65° + ㉠ + ㉡ + 90° = ☐°

㉠ + ㉡ = 360° − 65° − 90°

= ☐°

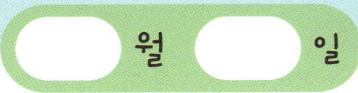

03 ㉠의 각도를 구하시오.

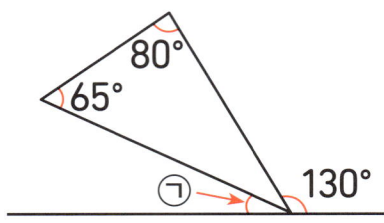

답 (   )°

[보기] 130   15   180

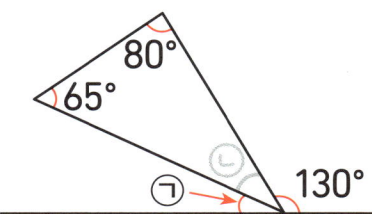

$80° + 65° + ㉡ = \boxed{}°$

$㉡ = 180° - 80° - 65°$
$ = 35°$

$㉠ + 35° + \boxed{}° = 180°$

$㉠ = 180° - 35° - 130°$
$ = \boxed{}°$

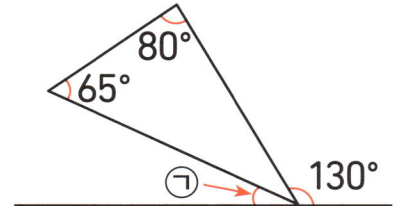

04 ㉠의 각도를 구하시오.

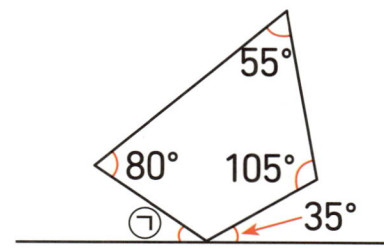

답 (   )°

[보기] 105   25   180

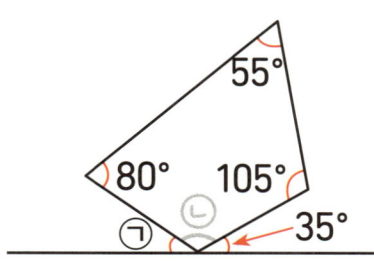

$55° + 80° + ㉡ + 105° = 360°$

$㉡ = 360° - 55° - 80° - \boxed{105}°$

$= 120°$

$㉠ + 120° + 35° = \boxed{180}°$

$㉠ = 180° - 120° - 35°$

$= \boxed{25}°$

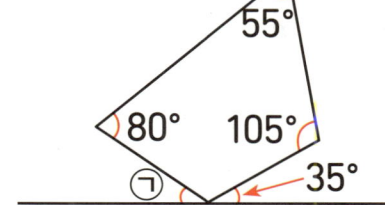

 응용

05 ㉠의 각도를 구하시오.

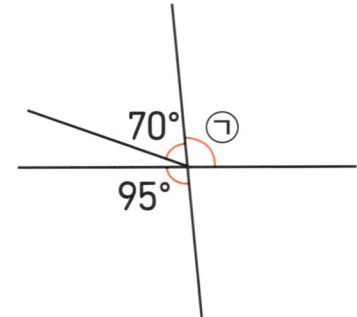

답 (　　　)°

[보기]   180   95   70

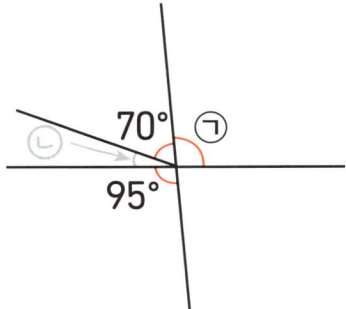

$70° + ㉡ + 95° = 180°$

$㉡ = 180° - \boxed{}° - 95°$

$ = 15°$

$15° + 70° + ㉠ = \boxed{}°$

$㉠ = 180° - 15° - 70°$

$ = \boxed{}°$

06 다음과 같이 삼각자를 2개 겹쳐서 만든 ㉠의 각도를 구하시오.

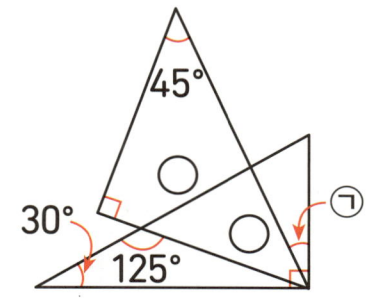

답 (   )°

[보기]　90　30　20

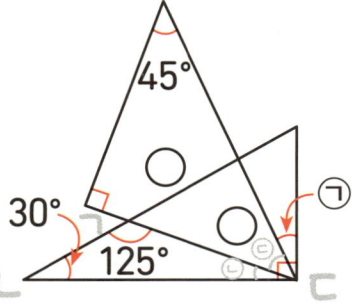

삼각형 ㄱㄴㄷ에서

125° + ° + ㉡ = 180°

㉡ = 180° − 125° − 30°

　 = 25°

㉢ = 45°이므로

25° + 45° + ㉠ = ☐°

㉠ = 90° − 25° − 45°

　 = ☐°

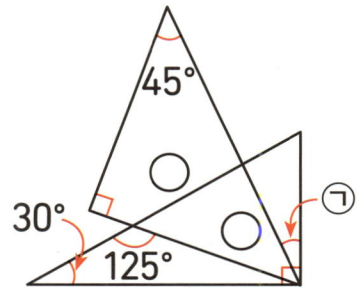

 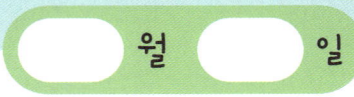

07 ㉠과 ㉡의 각도의 합을 구하시오.

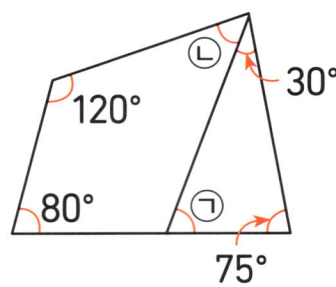

답 ()°

[보기]   30   75   130

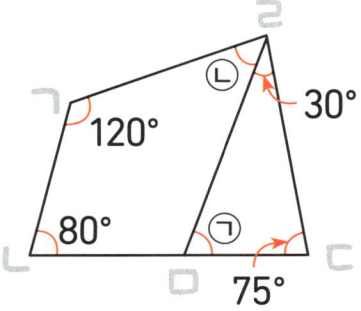

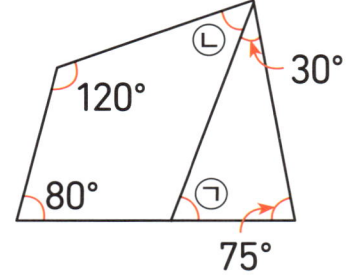

삼각형 ㄹㅁㄷ에서

30° + ㉠ + ° = 180°

㉠ = 180° − 30° − 75° = 75°

사각형 ㄱㄴㄷㄹ에서

120° + 80° + 75° + ° + ㉡ = 360°

㉡ = 360° − 120° − 80° − 75° − 30°

= 55°

㉠ + ㉡ = 75° + 55° = ____°

08 ㉠의 각도는 ㉡의 각도보다 25° 더 작다. ㉡의 각도를 구하시오.

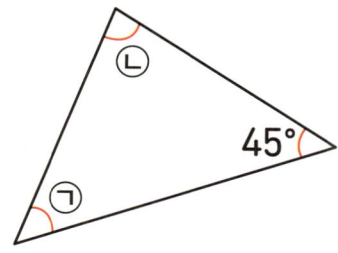

답 (　　　)°

[보기]　180　25　80

㉠ = ㉡ - °이므로

㉡ + ㉠ + 45° = 180°

㉡ + (㉡ - 25°) + 45° = 180°

㉡ + ㉡ = ° + 25° - 45°

= 160°

㉡ = 160° ÷ 2

= ☐°

 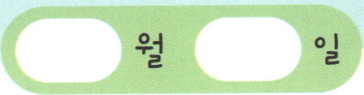

09 다음 도형에 표시된 각의 크기의 합을 구하시오.

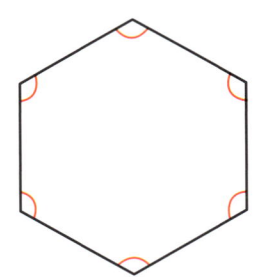

답 (   )°

[보기] 180   720   4

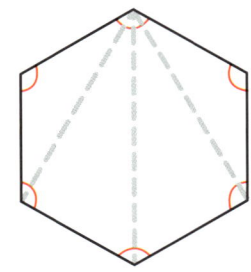 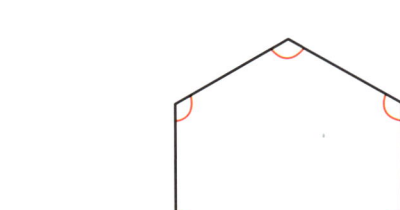

도형을 삼각형 ☐ 개로 나눌 수 있다.

도형에 표시된 각의 크기의 합

= ☐° × 4

= ☐°

10 ㉠의 각도를 구하시오.

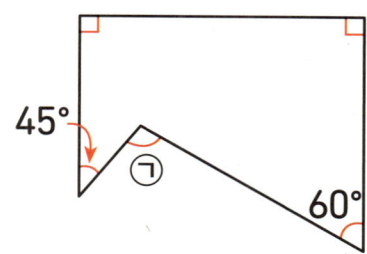

답 (   )°

[보기]   75   105   60

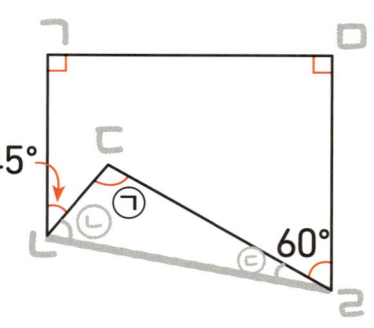

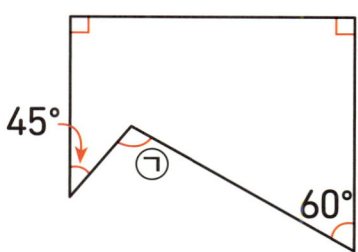

사각형 ㄱㄴㄹㅁ에서

$90° + 45° + ㉡ + ㉢ + \boxed{}° + 90° = 360°$

$㉡ + ㉢ = 360° - 90° - 45° - 60° - 90°$

$= 75°$

삼각형 ㄷㄴㄹ에서

$㉠ + ㉡ + ㉢ = 180°$

$㉠ + \boxed{}° = 180°$

$㉠ = 180° - 75° = \boxed{}°$

STEP 2 심화

11 다음 그림과 같이 직사각형 모양의 종이를 접었을 때, ㉠의 각도를 구하시오.

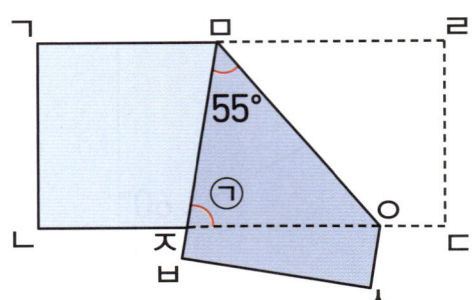

답 (   )°

[보기] 125 55 70

(각 ㄹㅁㅇ) = (각 ㅂㅁㅇ) = ☐°

사각형 ㅁㅇㄷㄹ에서

55° + (각 ㅁㅇㄷ) + 90° + 90° = 360°

(각 ㅁㅇㄷ) = 360° − 55° − 90° − 90°
         = 125°

(각 ㅁㅇㅈ) = 180° − ☐°
         = 55°

삼각형 ㅁㅈㅇ에서

55° + ㉠ + 55° = 180°

㉠ = 180° − 55° − 55°
  = ☐°

12

다음 그림에서 ㉠, ㉡, ㉢, ㉣, ㉤, ㉥, ㉦의 각도의 합을 구하시오.

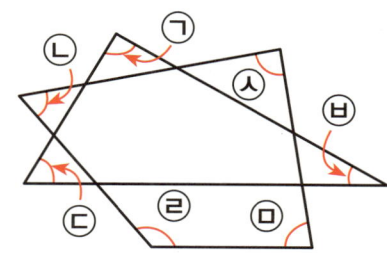

답 (   )°

[보기]   ㉤   540   ㉥

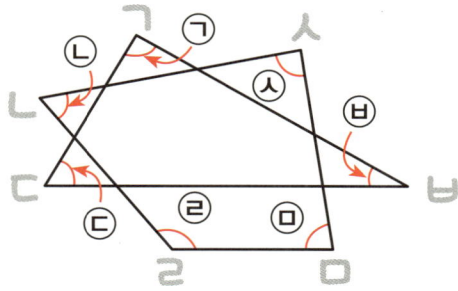

삼각형 ㄱㄷㅂ에서

㉠ + ㉢ + ㉥ = 180°,

사각형 ㄴㄹㅁㅅ에서

㉡ + ㉣ + ☐ + ㉦ = 360°이므로

㉠ + ㉡ + ㉢ + ㉣ + ㉤ + ㉥ + ㉦

= (㉠ + ㉢ + ☐) + (㉡ + ㉣ + ㉤ + ㉦)

= 180° + 360°

= ☐°

13 다음 그림에서 ㉠, ㉡, ㉢의 각도의 합을 구하시오.

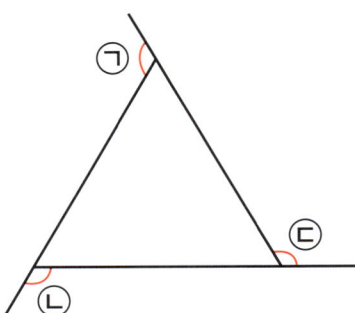

답 (   )°

[보기] ㉤ 360 ㉢

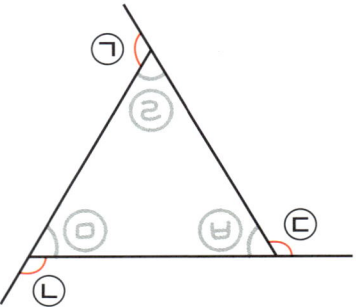
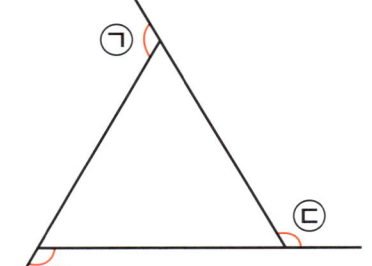

㉠ + ㉣ = 180°, ㉡ + ㉤ = 180°,

☐ + ㉥ = 180°,

㉣ + ㉤ + ㉥ = 180° 이므로

㉠ + ㉡ + ㉢

= (㉠+㉣) + (㉡+㉤) + (㉢+㉥)

  − (㉣ + ☐ + ㉥)

= 180° + 180° + 180° − 180°

= ☐°

14 각 ㄹㄱㅁ과 각 ㅁㄱㄴ의 크기는 같고, 각 ㄱㄹㅁ과 각 ㅁㄹㄷ의 크기는 같다. ㉠의 각도를 구하시오.

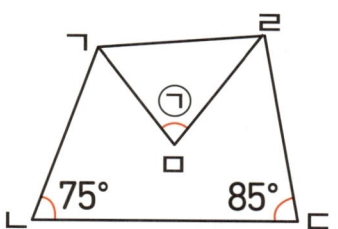

답 (　　　)°

[보기]　2　80　85

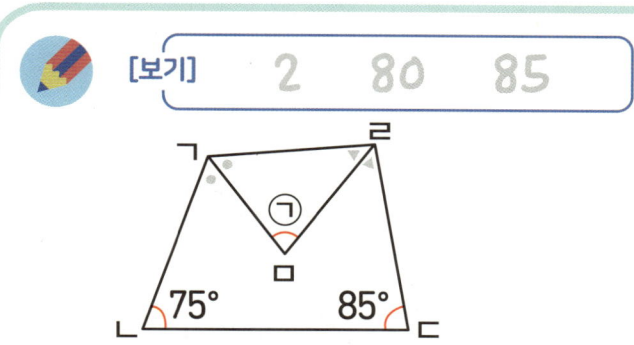

사각형 ㄱㄴㄷㄹ에서

●+●+75°+ ☐° +▲+▲ =360°

●+●+▲+▲ =360°-75°-85°

(●+▲)+(●+▲) =200°

●+▲ =200°÷ ☐ =100°

삼각형 ㄱㅁㄹ에서

●+㉠+▲ =180°

㉠+100° =180°

㉠ =180°-100°= ☐ °

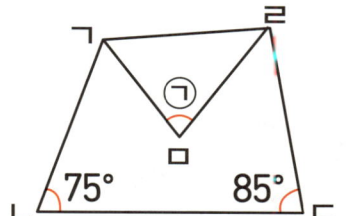

01 다음과 같이 삼각자 2개를 겹쳐서 만든 ㉠의 각도를 구하시오.

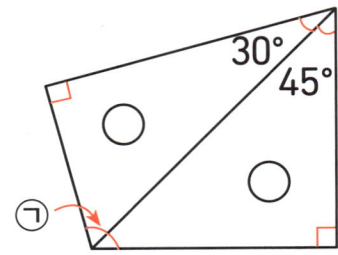

답 (   )°

[보기] 45   105   60

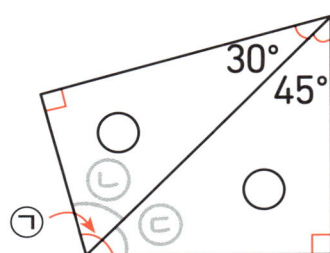 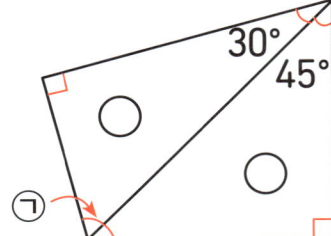

㉡ = ☐°

㉢ = 45°이므로

㉠ = 60° + ☐°

    = ☐°

02 다음과 같이 똑같이 나눈 케이크 조각이 2개 있다. 두 케이크 조각의 각도의 차를 구하시오.

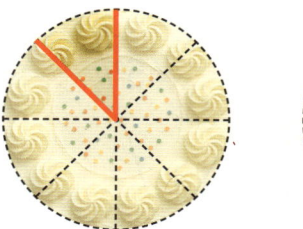
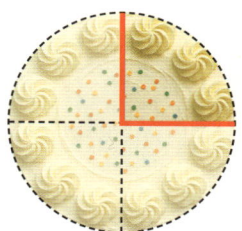

답 (   )°

[보기]   4   45   8

왼쪽은 케이크를 8조각으로 나누었으므로 케이크 조각의 각도는 360° ÷ ☐ = 45°이고,

오른쪽은 케이크를 4조각으로 나누었으므로 케이크 조각의 각도는 360° ÷ ☐ = 90°이다.

90° − 45° = ☐°

03 다음과 같이 삼각형을 겹치지 않게 이어 붙여서 사각형을 만들었다. ㉠, ㉡, ㉢, ㉣의 각도의 합을 구하시오.

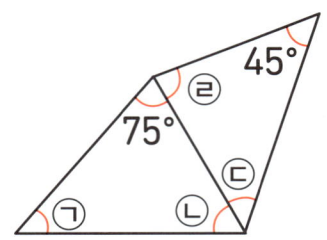

답 (   )°

[보기] 45   360   240

㉣ + 75° + ㉠ + ㉡ + ㉢ + 45°
= ☐°

㉠ + ㉡ + ㉢ + ㉣
= 360° − 75° − ☐°
= ☐°

04 ㉠의 각도를 구하시오.

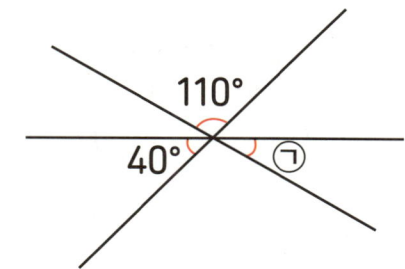

답 (   )°

[보기] 180   30   40

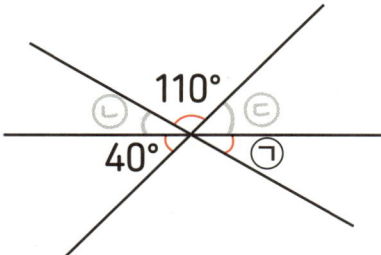

$110° + ㉡ + 40° = 180°$

$㉡ = 180° - 110° - \boxed{40}° = 30°$

$30° + 110° + ㉢ = 180°$

$㉢ = \boxed{180}° - 30° - 110° = 40°$

$110° + 40° + ㉠ = 180°$

$㉠ = 180° - 110° - 40° = \boxed{30}°$

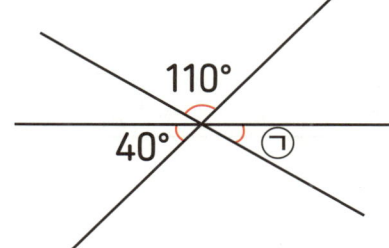

05

㉠과 ㉡의 각도의 합을 구하시오.

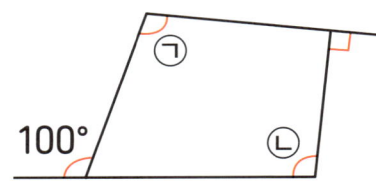

답 (　　　)°

[보기] 90   190   180

$100° + ㉢ = $ ☐ °

$㉢ = 180° - 100°$

$= 80°$

$㉣ = 90°$ 이므로

$㉠ + 80° + ㉡ + $ ☐ $° = 360°$

$㉠ + ㉡ = 360° - 80° - 90°$

$= $ ☐ °

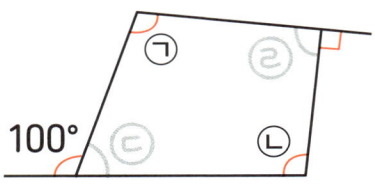

06 다음 도형에서 6개의 각의 크기는 모두 같다. ㉠의 각도를 구하시오.

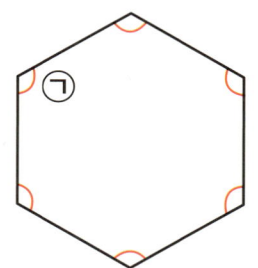

답 (   )°

[보기] 6   4   120

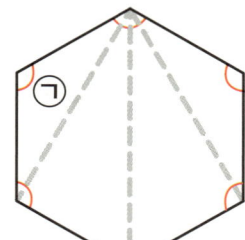 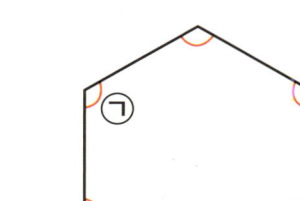

도형을 삼각형 ☐ 개로 나눌 수 있다.

도형에 표시된 6개의 각의 크기의 합
= 180° × 4 = 720°

6개의 각의 크기가 모두 같으므로

㉠ = 720° ÷ ☐ = ☐ °

07 ㉠의 각도를 구하시오.

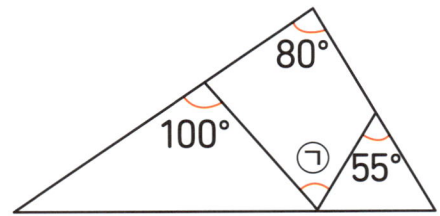

답 (　　　)°

[보기]　80　55　75

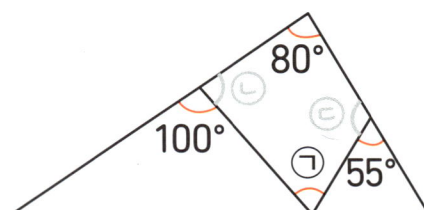

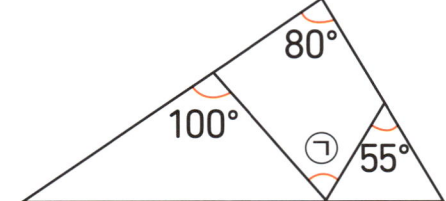

㉡ = 180° − 100°
　 = 80°

㉢ = 180° − ☐°
　 = 125°

80° + ☐° + ㉠ + 125° = 360°

㉠ = 360° − 80° − 80° − 125°
　 = ☐°

08 다음과 같이 삼각형 모양의 종이를 접었을 때, ㉠의 각도를 구하시오.

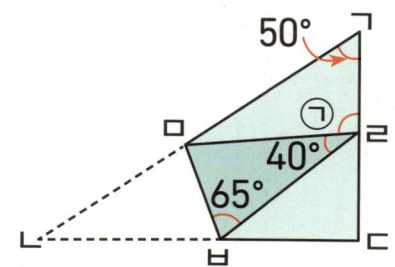

답 (   )°

[보기]　65　100　75

(각 ㅁㄴㅂ) = (각 ㅁㄹㅂ) = 40°

(각 ㅁㅂㄴ) = (각 ㅁㅂㄹ) = ☐°

삼각형 ㅁㄴㅂ에서

(각 ㄴㅁㅂ) + 40° + 65° = 180°

(각 ㄴㅁㅂ) = 180° - 40° - 65° = 75°

(각 ㄹㅁㅂ) = (각 ㄴㅁㅂ) = ☐°

(각 ㄱㅁㄹ) + 75° + 75° = 180°

(각 ㄱㅁㄹ) = 180° - 75° - 75° = 30°

삼각형 ㄱㅁㄹ에서

50° + 30° + ㉠ = 180°

㉠ = 180° - 50° - 30° = ☐°

3 곱셈과 나눗셈

 기본

 월 일

01 연서는 편의점에서 한 개에 450원인 초콜릿을 30개 사고 20000원을 냈다. 거스름돈으로 얼마를 받아야 하는지 구하시오.

답 (　　　　)원

[보기] 6500   13500

초콜릿 30개의 값
= 450 × 30
=　　　　(원)

거스름돈으로 받아야 하는 돈
= 20000 - 13500
=　　　　(원)

02

밥 한 공기를 짓기 위해 필요한 쌀은 130g이다. 밥을 매일 2공기씩 70일 동안 먹으려면 필요한 쌀은 모두 몇 g인지 구하시오.

답 (　　　　)g

[보기]　18200　260

하루에 먹는 쌀

= 130 × 2

= ▢ (g)

70일 동안 먹는 데 필요한 쌀

= 260 × 70

= ▢ (g)

 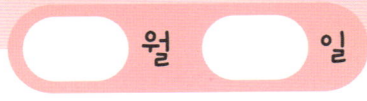

03 준서네 학교 학생들이 버스 한 대에 30명씩 버스 9대로 놀이공원에 갔다. 한 모둠에 15명씩 나누어 회전목마를 탄다면 몇 모둠을 만들 수 있는지 구하시오.

답 (　　　　)모둠

[보기]　　18　　270

놀이공원에 간 학생 수
= 30 × 9
=　　　(명)

만들 수 있는 모둠 수
= 270 ÷ 15
=　　　(모둠)

04 감자 578개를 한 상자에 45개씩 담고, 남은 감자를 한 봉지에 15개씩 담았다. 상자와 봉지에 담고 남은 감자는 모두 몇 개인지 구하시오.

답 ( )개

[보기] 2   8   38

$578 \div 45$
$= 12 \cdots$ 이므로
상자에 담고 남은 감자는
38개이다.
$38 \div 15 =$  $\cdots 8$ 이므로
봉지에 담고 남은 감자는
 개이다.

05 □ 안에 알맞은 수를 구하시오.

$$99 \div \square = 4 \cdots 19$$

답 (   )

[보기]   4   19   20

□로 나누어 떨어지는 수는

99 - □ = 80이다.

□ × 4 = 80

□ = 80 ÷ □

= □

06 사탕 550개를 45명의 학생에게 똑같이 나누어 주려고 하였더니 몇 개가 모자랐다. 사탕을 남김없이 똑같이 나누어 주려면 사탕은 적어도 몇 개 더 필요한지 구하시오.

답 ( )개

[보기] 10 12 35

550 ÷ 45
= 12 ⋯ 10이므로
사탕을 ☐개씩 나누어 주고,
남는 사탕은 ☐개이다.
학생이 45명이므로
사탕은 적어도
45 - 10 = ☐ (개)
더 필요하다.

07 어떤 수를 13으로 나누어야 할 것을 잘못하여 어떤 수에 17을 곱했더니 663이 되었다. 바르게 계산하면 얼마인지 구하시오.

답 (   )

[보기] 3   663   39

어떤 수를 □라 하면

□ × 17 = ☐

□ = 663 ÷ 17
　 = ☐

바르게 계산하면

39 ÷ 13 = ☐

08 수 카드 5장을 한 번씩만 사용하여 몫이 가장 큰 (세 자리 수)÷(두 자리 수)를 만들었다. 만든 나눗셈식의 나머지를 구하시오.

6 0 5 9 2

답 (   )

[보기]   48   5   20

9 > 6 > 5 > 2 > 0

가장 큰 세 자리 수 : 965

가장 작은 두 자리 수 : ☐

965 ÷ 20 = ☐ ··· 5이므로

나머지 : ☐

09 □ 안에 들어갈 수 있는 자연수 중에서 가장 큰 수는 얼마인지 구하시오.

답 (   )

[보기] 17   47   16

□ × 47 = 799일 때

□ = 799 ÷

   = 17

□ × 47은 799보다

작아야 하므로

□ 안에는 ☐ 보다 작은 자연수가

들어가야 한다.

□ 안에 들어갈 수 있는

자연수 중에서 가장 큰 수 :

☐

10 나눗셈의 몫이 5일 때, 0부터 9까지의 수 중에서 □ 안에 들어갈 수 있는 수는 모두 몇 개인지 구하시오.

$$2\square0 \div 46$$

답 (   )개

[보기]   230   5   276

46 × 5 = ☐ ,

46 × 6 = 276이므로

2□0은 230과 같거나 크고

☐ 보다 작아야 한다.

□ 안에 들어갈 수 있는 수 :
3, 4, 5, 6, 7 → ☐ 개

 심화

 월 일

11 길이가 552m인 도로의 한쪽에 23m 간격으로 나무를 심으려고 한다. 도로의 처음부터 끝까지 나무를 심을 때 필요한 나무는 모두 몇 그루인지 구하시오. (단, 나무의 두께는 생각하지 않는다.)

답 (　　　　)그루

[보기]　25　1　24

나무 사이의 간격 수
= 552 ÷ 23
= ☐ (군데)

필요한 나무의 수
= 24 + ☐
= ☐ (그루)

12 민주네 초등학교 학생 70명은 선생님 13명과 함께 동물원에 갔다. 입장료가 어린이는 500원이고 어른은 800원이다. 학생과 선생님들의 입장료로 50000원을 냈을 때, 거스름돈으로 얼마를 받아야 하는지 구하시오.

답 (   ) 원

 [보기] 4600   10400

학생들의 입장료
= 500 × 70 = 35000 (원)

선생님들의 입장료
= 800 × 13 = ☐ (원)

학생과 선생님들의 입장료의 합
= 35000 + 10400
= 45400 (원)

거스름돈으로 받아야 하는 돈
= 50000 - 45400
= ☐ (원)

13 기호 ◎에 대하여 다음과 같이 약속할 때, 662◎(27◎943)의 값은 얼마인지 구하시오. (단, 괄호 안을 먼저 계산한다.)

㉠◎㉡ =(㉠과 ㉡ 중에서 큰 수를 작은 수로 나눈 몫)

답 (　　　　　)

[보기]　16　　34　　19

27 ◎ 943의 계산

943 ÷ 27

= ☐ … 25이므로

27 ◎ 943 = 34

662 ◎ (27 ◎ 943)

= 662 ◎ 34

662 ◎ 34의 계산

662 ÷ 34

= 19 … ☐ 이므로

662 ◎ 34 = ☐

14 민규네 학교 3학년 학생은 189명이고, 4학년 학생은 3학년 학생보다 20명만큼 더 적다. 한 대에 25명씩 탈 수 있는 버스로 3학년 학생은 딸기 농장으로, 4학년 학생은 버섯 농장으로 소풍을 가려고 한다. 버스는 모두 몇 대가 필요한지 구하시오.

답 (   )대

 [보기]   6   15   7

189÷25 = ☐ … 14 이므로

3학년 학생이 소풍을 가는 데

필요한 버스는 7+1=8(대)이다.

4학년 학생은

189-20=169(명)이고

169÷25=6…19이므로

4학년 학생이 소풍을 가는 데

필요한 버스는 ☐+1=7(대)이다.

버스는 모두 8+7=☐(대)

필요하다.

01 현서는 하루에 수학 문제를 125개씩 푼다. 3주 동안 현서가 푼 수학 문제는 모두 몇 개인지 구하시오.

답 (　　　　)개

[보기]　2625　21

3주일은 7×3 = 21 (일) 이므로

◻ 일 동안 현서가 푼 수학 문제의 수

= 125 × 21

= ◻ (개)

02

빵을 만들기 위해 밀가루 반죽 760g을 20g씩 나누어 놓았다. 나누어 놓은 밀가루 반죽 한 개에 초콜릿을 16개씩 넣는다면 필요한 초콜릿은 모두 몇 개인지 구하시오.

답 ( )개

[보기]   38   608

나누어 놓은 반죽의 수
= 760 ÷ 20
= (개)

필요한 초콜릿의 수
= 38 × 16
= (개)

 기본

 월   일

03 똑같은 책이 들어 있는 상자의 무게는 201g이다. 빈 상자의 무게가 30g이고, 책 한 권의 무게는 57g이다. 상자 속에 들어 있는 책은 몇 권인지 구하시오.

답 (   )권

[보기]   3   30

상자 속에 들어 있는
책의 무게의 합
= 201 - ☐
= 171 (g)

상자 속에 들어 있는
책의 수
= 171 ÷ 57
= ☐ (권)

04 쿠키 840개를 한 상자에 53개씩 담고, 남은 쿠키를 한 봉지에 13개씩 담았다. 상자와 봉지에 담고 남은 쿠키는 몇 개인지 구하시오.

답 (　　　)개

[보기]　3　6　45

$840 \div 53 = 15 \cdots \boxed{}$ 이므로 상자에 담고 남은 쿠키는 45개이다.

$45 \div 13 = \boxed{} \cdots 6$ 이므로 봉지에 담고 남은 쿠키는 $\boxed{}$ 개이다.

 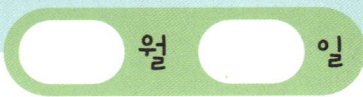

05 □ 안에 들어갈 수 있는 수 중에서 가장 큰 수는 얼마인지 구하시오.

$$□ ÷ 39 = 7 \cdots △$$

답 (   )

[보기] 273   311   38

□ 안에 가장 큰 수가 들어가려면 △는 나머지가 될 수 있는 수 중 가장 큰 수인 ▢ 이 되어야 한다.

39 × 7 = ▢ ,

273 + 38 = □

□ = ▢

06 지우개 413개를 25명의 학생에게 똑같이 나누어 주려고 하였더니 몇 개가 모자랐다. 지우개를 남김없이 똑같이 나누어 주려면 지우개는 적어도 몇 개 더 필요한지 구하시오.

답 ( )개

[보기] 13 16 12

413 ÷ 25

= 16 … 13 이므로

지우개를 ☐ 개씩 나누어 주고,

남는 지우개는 13개이다.

학생이 25명이므로

지우개는 적어도

25 - ☐ = ☐ (개)

더 필요하다.

07 어떤 수에 35를 곱해야 할 것을 잘못하여 35로 나누었더니 몫이 7이고 나머지가 16이 되었다. 바르게 계산하면 얼마인지 구하시오.

답 (   )

[보기] 16   9135   245

어떤 수를 □라 하면

□ ÷ 35 = 7 … 16 이므로

35 × 7 = ☐ ,

245 + ☐ = □

□ = 261

바르게 계산하면

261 × 35 = ☐

08 수 카드 5장을 한 번씩만 사용하여 몫이 가장 작은 (세 자리 수)÷(두 자리 수)를 만들었다. 만든 나눗셈식의 몫을 구하시오.

답 (　　　　　)

[보기]　85　346　3

3 < 4 < 6 < 7 < 8

가장 작은 세 자리 수:

가장 큰 두 자리 수: 87

346 ÷ 87 = 3 … 　　　이므로

몫:

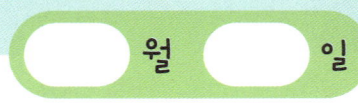

09 □ 안에 들어갈 수 있는 자연수 중에서 가장 작은 수는 얼마인지 구하시오.

$$\square \times 28 > 928$$

답 (   )

[보기] 33   4   34

□ × 28 = 928일 때

928 ÷ 28 = 33 … ☐ 이고

□ × 28은 928보다

커야 하므로

□ 안에는 ☐ 보다 큰 자연수가

들어가야 한다.

□ 안에 들어갈 수 있는

자연수 중에서 가장 작은 수 :

☐

10

나눗셈의 몫이 7일 때, 0부터 9까지의 수 중에서 □ 안에 들어갈 수 있는 수는 모두 몇 개인지 구하시오.

$$4\square9 \div 61$$

답 (   )개

[보기] 427   6   488

$61 \times 7 = 427,$

$61 \times 8 = \boxed{}$ 이므로

4□9는 $\boxed{}$ 과 같거나

크고 488보다 작아야 한다.

□ 안에 들어갈 수 있는 수 :

2, 3, 4, 5, 6, 7 → $\boxed{}$ 개

11 길이가 342m인 도로의 양쪽에 18m 간격으로 나무를 심으려고 한다. 도로의 처음부터 끝까지 나무를 심을 때 필요한 나무는 모두 몇 그루인지 구하시오. (단, 나무의 두께는 생각하지 않는다.)

답 (　　　　)그루

[보기]　　1　　40　　19

나무 사이의 간격 수
= 342 ÷ 18
= ☐ (군데)

도로의 한쪽에 필요한 나무의 수
= 19 + ☐
= 20 (그루)

도로의 양쪽에 필요한 나무의 수
= 20 × 2
= ☐ (그루)

12 소희네 초등학교 학생 80명은 선생님 15명과 함께 식물원에 갔다. 입장료가 어린이는 600원이고 어른은 900원이다. 학생과 선생님들의 입장료로 70000원을 냈을 때, 거스름돈으로 얼마를 받아야 하는지 구하시오.

답 (   )원

 [보기] 8500   48000   13500

학생들의 입장료
= 600 × 80 = ☐ (원)

선생님들의 입장료
= 900 × 15 = ☐ (원)

학생과 선생님들의 입장료의 합
= 48000 + 13500
= 61500 (원)

거스름돈으로 받아야 하는 돈
= 70000 - 61500
= ☐ (원)

13 기호 ◎에 대하여 다음과 같이 약속할 때, (847◎23)◎961의 값은 얼마인지 구하시오. (단, 괄호 안을 먼저 계산한다.)

㉠◎㉡=(㉠과 ㉡ 중에서 큰 수를 작은 수로 나눈 몫)

답 (   )

[보기]   25   26   36

847◎23의 계산

847÷23

= ▢ ⋯ 19 이므로

847◎23 = 36

(847◎23)◎961

= 36◎961

36◎961의 계산

961÷36

= 26 ⋯ ▢ 이므로

36◎961 = ▢

14 진규네 학교 3학년 학생은 224명이고, 4학년 학생은 3학년 학생보다 30명만큼 더 많다. 한 대에 35명씩 탈 수 있는 버스로 3학년 학생은 미술관으로, 4학년 학생은 박물관으로 소풍을 가려고 한다. 버스는 모두 몇 대가 필요한지 구하시오.

답 (   ) 대

[보기] 6   15   7

224 ÷ 35 = 6 … 14 이므로

3학년 학생이 소풍을 가는 데

필요한 버스는 ☐ + 1 = 7 (대) 이다.

4학년 학생은

224 + 30 = 254 (명) 이고

254 ÷ 35 = ☐ … 9 이므로

4학년 학생이 소풍을 가는 데

필요한 버스는 7 + 1 = 8 (대) 이다.

버스는 모두 7 + 8 = ☐ (대)

필요하다.

STEP 3

01 □ 안에 알맞은 수를 구하시오.

$$376 \div \square = 8$$

답 (   )

[보기]   376   47

□ × 8 = 376

□ = ☐ ÷ 8

  = ☐

02 서우네 반 학생 20명은 각자 매일 3L의 물을 절약하기로 했다. 1년을 365일로 계산하면 1년 동안 절약할 수 있는 물은 몇 L인지 구하시오.

답 (   )L

[보기] 21900   60

하루에 절약하는 물의 양
= 20 × 3
= ▢ (L)

1년 동안 절약할 수 있는 물의 양
= 60 × 365
= ▢ (L)

03 꽈배기 가게에서 다음과 같은 가격으로 꽈배기를 팔고 있다. 이 가게에서 꽈배기를 25개 살 때, 상자로 사면 낱개로 살 때보다 얼마 더 싸게 살 수 있는지 구하시오.

꽈배기 가격

단위	낱개(1개)	한 상자(25개)
가격(원)	350	8500

답 (　　　　)원

[보기]　250　8750

꽈배기 25개를 모두 낱개로
살 때 금액
= 350 × 25
= 　　　 (원)

낱개보다 상자로 살 때
더 싸게 살 수 있는 금액
= 8750 − 8500
= 　　　 (원)

04 어떤 수를 50으로 나누었더니 몫이 7이고 나머지가 21이었다. 어떤 수는 얼마인지 구하시오.

답 (　　　　　)

[보기]　350　21　371

어떤 수를 □라 하면

□ ÷ 50 = 7 … 21 이므로

50 × 7 = 350,

350 + 21 = □

□ = 371

어떤 수 : 371

STEP 3

월 일

05 수 카드 5장을 한 번씩만 사용하여 몫이 가장 큰 (세 자리 수)÷(두 자리 수)를 만들었다. 만든 나눗셈식의 몫과 나머지의 차를 구하시오.

   2 5 3 8 9

답 (   )

[보기] 19   23   985

9 > 8 > 5 > 3 > 2

가장 큰 세 자리 수 : ▨

가장 작은 두 자리 수 : 23

985 ÷ 23 = 42 ⋯ ▨ 이므로

몫과 나머지의 차

= 42 - 19

= ▨

06 □ 안에 들어갈 수 있는 자연수 중에서 가장 큰 수는 얼마인지 구하시오.

$$14 \times \square < 555$$

답 (   )

[보기] 555   39   9

14 × □ = 555일 때

555 ÷ 14 = 39 ··· 9 이고

14 × □ 는 555 보다

작아야 하므로

□ 안에는 39와 같거나

작은 자연수가 들어가야 한다.

□ 안에 들어갈 수 있는

자연수 중에서 가장 큰 수:

39

07 한 개에 350원인 젤리 458개를 58명의 학생에게 남김없이 똑같이 나누어 주려고 하였더니 몇 개가 모자랐다. 모자란 젤리를 사려면 적어도 얼마가 필요한지 구하시오.

답 (　　　)원

  [보기]　52　2100　7

458 ÷ 58 = 7 … 52이므로

젤리를 ☐개씩 나누어 줄 수 있고,

남는 젤리는 52개이다.

학생이 58명이므로

젤리는 적어도 58 − ☐ = 6(개)

더 필요하다.

모자란 젤리를 사려면 적어도

350 × 6 = ☐(원)이

필요하다.

08 도로의 한쪽에 처음부터 끝까지 가로등 35개를 16m 간격으로 설치했다. 만약 이 도로의 한쪽에 가로등을 34m 간격으로 처음부터 끝까지 설치한다면 필요한 가로등은 모두 몇 개인지 구하시오. (단, 가로등의 두께는 생각하지 않는다.)

답 ( )개

[보기] 16 544 17

가로등 사이의 간격 수
= 35 - 1 = 34 (군데)

도로의 길이
= 16 × 34 = ☐ (m)

가로등을 34m 간격으로 설치한다면

가로등 사이의 간격 수
= 544 ÷ 34 = ☐ (군데)

필요한 가로등의 수
= 16 + 1 = ☐ (개)

4 평면도형의 이동

이번 단원에서 학습할 내용!

- 점의 이동
- 평면도형 밀기
- 평면도형 뒤집기
- 평면도형 돌리기

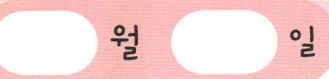

01 다음 도형을 위쪽으로 3번 밀었을 때의 도형을 그리시오.

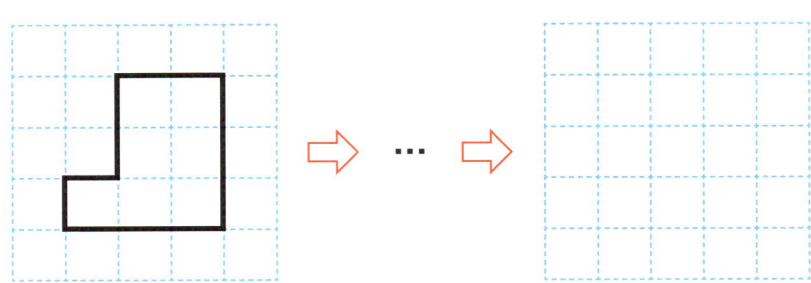

[보기] 위치   그대로

도형을 어느 방향으로 여러 번 밀어도 도형의 모양은 ☐이고 ☐만 바뀐다.

02 다음 도형을 오른쪽으로 4번 뒤집었을 때의 도형을 그리시오.

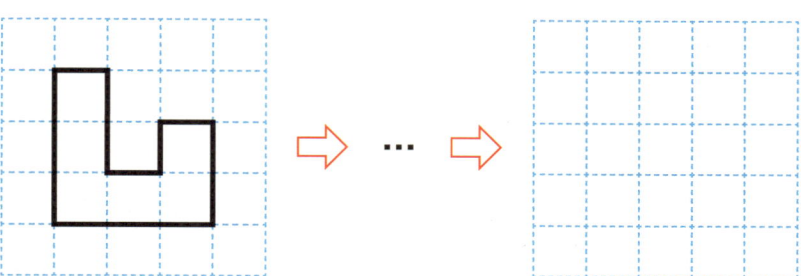

[보기] 처음 같은

도형을 ▢ 방향으로
4번 뒤집은 도형은
▢ 도형과 같다.

03 다음 도형을 시계 방향으로 90°만큼 5번 돌렸을 때의 도형을 그리시오.

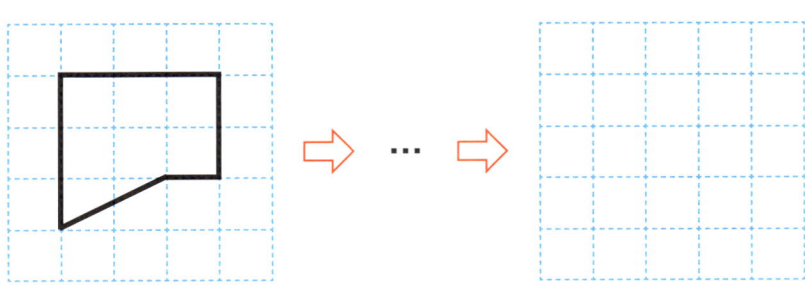

[보기] 90 1

(시계 방향으로 90°만큼 5번 돌린 도형)
= (시계 방향으로 ☐°만큼 ☐번 돌린 도형)

04

다음 도형을 위쪽으로 5번 뒤집고, 왼쪽으로 3번 뒤집었을 때의 도형을 그리시오.

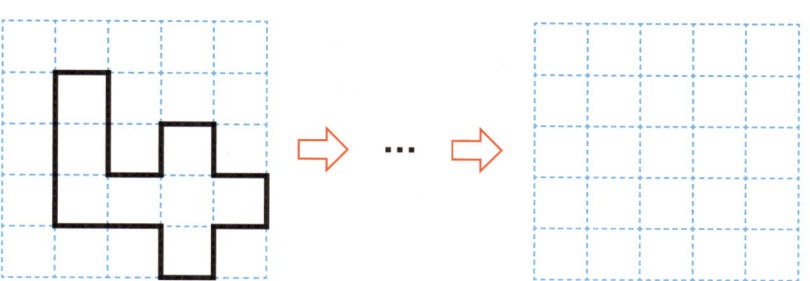

[보기] 　왼쪽　위쪽

(위쪽으로 5번 뒤집은 도형)

= (으로 1번 뒤집은 도형)

↓

(왼쪽으로 3번 뒤집은 도형)

= (으로 1번 뒤집은 도형)

STEP 1 응용

월 일

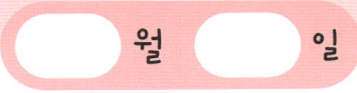

05 다음은 일정한 규칙에 따라 도형을 돌린 것이다. 빈칸에 알맞은 도형을 그리시오.

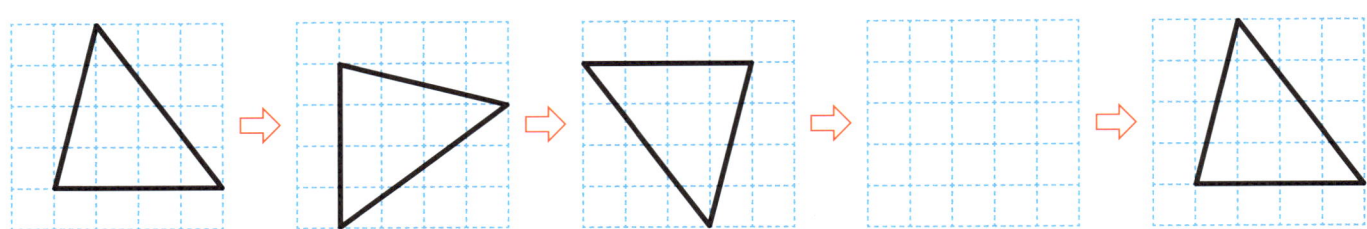

[보기] 90 시계

도형을 ( ) 방향으로 ( )°만큼 돌리는 규칙이다.

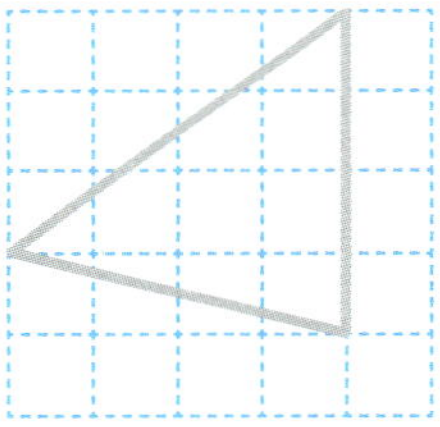

06

다음 도형을 아래쪽으로 8번 뒤집고, 시계 반대 방향으로 90°만큼 7번 돌렸을 때의 도형을 그리시오.

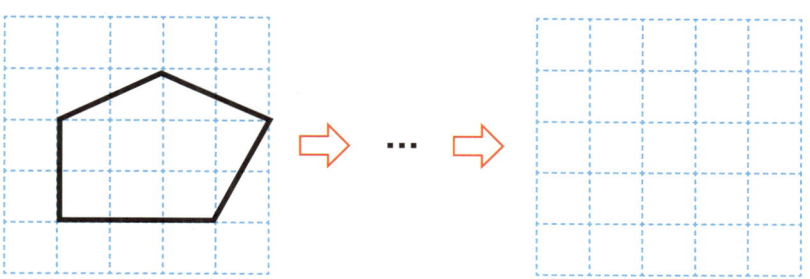

[보기] 처음 3

(아래쪽으로 8번 뒤집은 도형)
=(⬚ 도형)
↓
(시계 반대 방향으로 90°만큼 7번 돌린 도형)
=(시계 반대 방향으로 90°만큼 ⬚번 돌린 도형)

07 다음 세 자리 수가 적힌 카드를 시계 방향으로 180°만큼 돌렸을 때 만들어지는 수와 처음 수의 차를 구하시오.

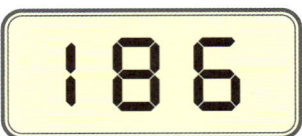

답 (   )

[보기]   795   981

시계 방향으로 180°만큼 돌린 수:

981 - 186 =

08 다음 세 자리 수가 적힌 카드를 아래쪽으로 뒤집었을 때 만들어지는 수와 오른쪽으로 뒤집었을 때 만들어지는 수의 차를 구하시오.

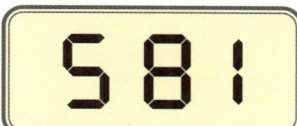

답 (   )

[보기] 182   99   281

아래쪽으로 뒤집은 수 :

오른쪽으로 뒤집은 수 :

281 - 182 =

 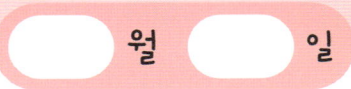

09 어떤 도형을 위쪽으로 뒤집어야 할 것을 잘못하여 오른쪽으로 뒤집었더니 왼쪽과 같은 도형이 되었다. 바르게 움직인 도형을 그리시오.

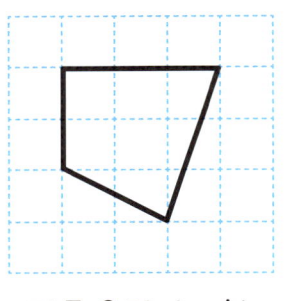 

잘못 움직인 도형　　　　　　　　바르게 움직인 도형

 [보기]　위쪽　왼쪽

잘못 움직인 도형을 ▢으로 뒤집으면 처음 도형이 된다.

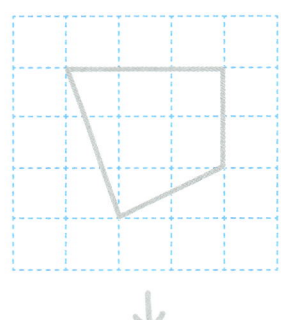

↓

처음 도형을 ▢으로 뒤집으면 바르게 움직인 도형이 된다.

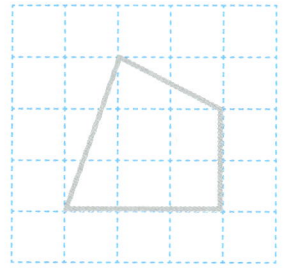

10 수 카드 4장 중에서 3장을 골라 한 번씩만 사용하여 가장 작은 세 자리 수를 만들려고 한다. 만든 수를 아래쪽으로 뒤집으면 어떤 수가 되는지 구하시오. (단, 세 자리 수를 한꺼번에 뒤집는다.)

답 (   )

[보기]   125   152

1 < 2 < 5 < 8

만들 수 있는

가장 작은 세 자리 수 :

아래쪽으로 뒤집은 수 :

11 어떤 도형을 왼쪽으로 뒤집고, 위쪽으로 뒤집었을 때의 도형이다. 처음 도형을 그리시오.

처음 도형

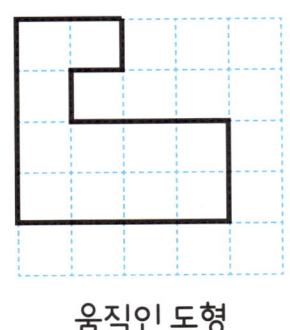

움직인 도형

 [보기] 오른쪽 아래쪽

위쪽으로 뒤집기 전의 도형은

_____으로 뒤집은 도형과 같다.

↓

왼쪽으로 뒤집기 전의 도형은

_____으로 뒤집은 도형과 같다.

12 다음은 거울에 비친 현재 시각을 나타낸 시계이다. 민서가 10분 후부터 6시까지 숙제를 한다면 몇 시간 몇 분을 해야 하는지 구하시오.

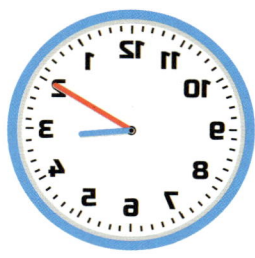

답 ( )시간 ( )분

 [보기]　　20　3　2

거울에 비친 시계를 오른쪽으로 뒤집으면

현재 시각은 ☐시 10분이다.

10분 후는 3시 ☐분이므로

6시 − 3시 20분 = ☐시간 40분

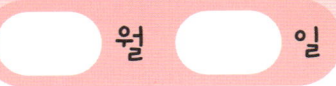

13 어떤 수에서 수 카드 291의 수를 빼야 할 것을 잘못하여 수 카드를 시계 방향으로 180°만큼 돌렸을 때 만들어지는 수를 뺐더니 475가 되었다. 바르게 계산한 값은 얼마인지 구하시오.

답 (   )

[보기] 162   162   346

시계 방향으로 180°만큼 돌린 수:

어떤 수를 □라 하면

□ − 162 = 475

□ = 475 +

= 637

바르게 계산하면

637 − 291 =

14 선우가 철봉에 거꾸로 매달려서 벽에 걸려 있는 시계를 보았더니 다음과 같았다. 5분 후 시각은 몇 시 몇 분인지 구하시오.

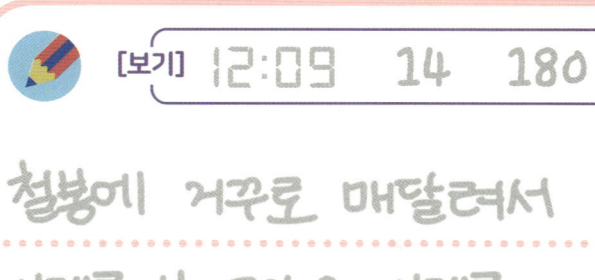

답 ( )시 ( )분

[보기] 12:09 14 180

철봉에 거꾸로 매달려서 시계를 본 모양은 시계를 시계 방향으로 ☐°만큼 돌린 모양과 같다.

시계를 거꾸로 본 모양을 시계 반대 방향으로 180°만큼 돌리면 ☐ 이므로

5분 후 시각은 12시 ☐분이다.

01 다음 도형을 아래쪽으로 5번 밀었을 때의 도형을 그리시오.

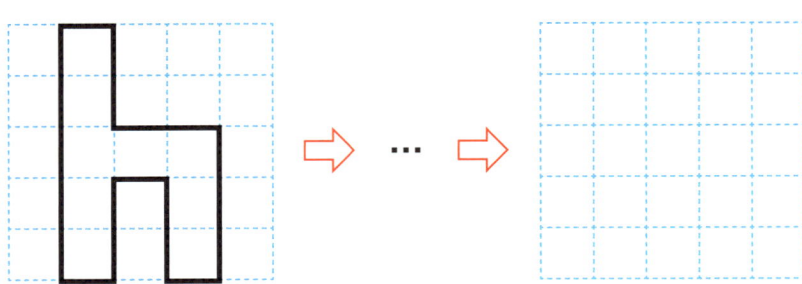

[보기]   위치   모양

도형을 어느 방향으로 여러 번 밀어도 도형의 ▢은 그대로이고 ▢만 바뀐다.

02

다음 도형을 아래쪽으로 4번 뒤집었을 때의 도형을 그리시오.

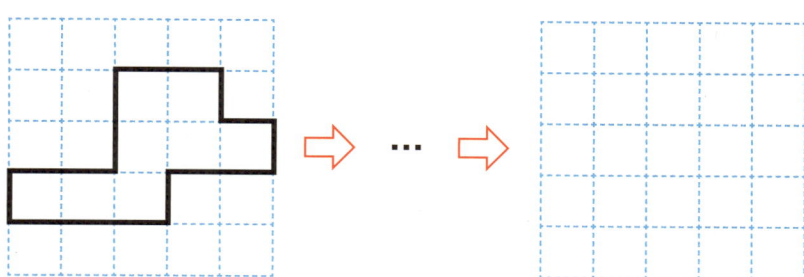

[보기] 같은   처음

도형을 ⬚ 방향으로

4번 뒤집은 도형은

⬚ 도형과 같다.

03 다음 도형을 시계 방향으로 90°만큼 6번 돌렸을 때의 도형을 그리시오.

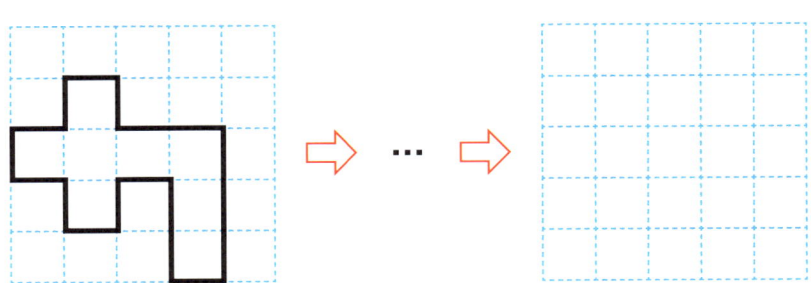

[보기]   2   1

(시계 방향으로 90°만큼 6번 돌린 도형)

= (시계 방향으로 90°만큼 ☐ 번 돌린 도형)

= (시계 방향으로 180°만큼 ☐ 번 돌린 도형)

04

다음 도형을 오른쪽으로 2번 뒤집고, 아래쪽으로 5번 뒤집었을 때의 도형을 그리시오.

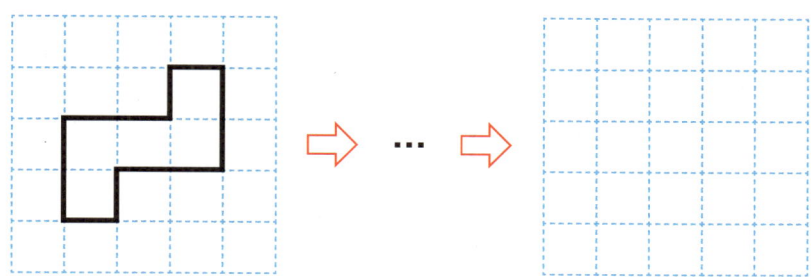

[보기] 아래쪽   처음

(오른쪽으로 2번 뒤집은 도형)

= (처음   도형)

(아래쪽으로 5번 뒤집은 도형)

= (아래쪽   으로 1번 뒤집은 도형)

 월 일

05 다음은 일정한 규칙에 따라 도형을 돌린 것이다. 빈칸에 알맞은 도형을 그리시오.

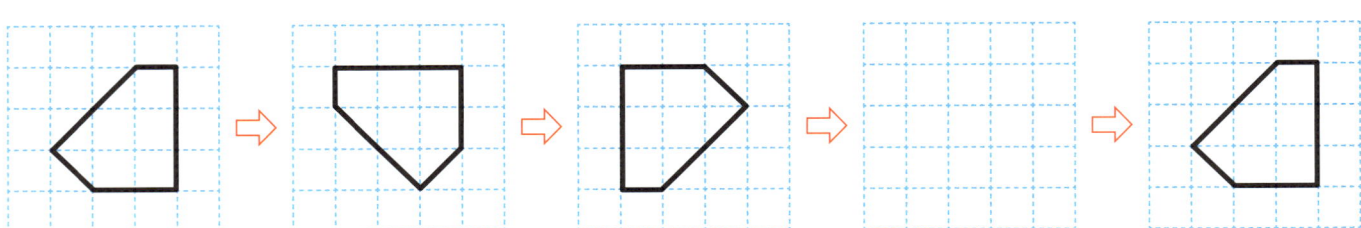

[보기]   90   반대

도형을 시계 ▨ 방향으로

▨° 만큼 돌리는 규칙이다.

06 다음 도형을 시계 방향으로 270°만큼 6번 돌렸을 때의 도형을 그리시오.

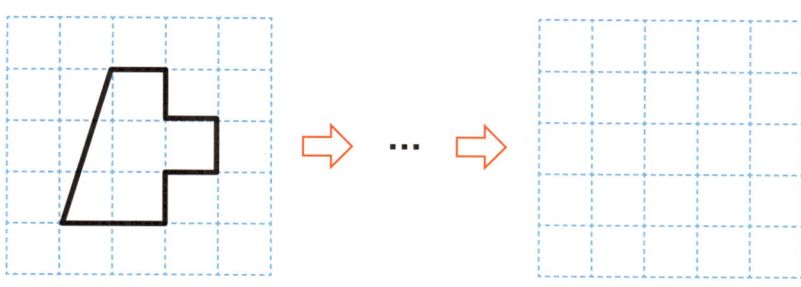

[보기] 90 2

(시계 방향으로 270°만큼 6번 돌린 도형)

= (시계 반대 방향으로 ⬜°만큼 6번 돌린 도형)

= (시계 반대 방향으로 90°만큼 ⬜번 돌린 도형)

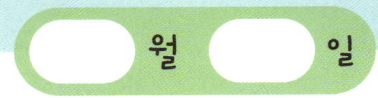

07 다음 세 자리 수가 적힌 카드를 오른쪽으로 뒤집었을 때 만들어지는 수와 처음 수의 차를 구하시오.

답 (   )

[보기] 294   812

오른쪽으로 뒤집은 수:

812 - 518 =

08 다음 세 자리 수가 적힌 카드를 아래쪽으로 뒤집었을 때 만들어지는 수와 왼쪽으로 뒤집었을 때 만들어지는 수의 차를 구하시오.

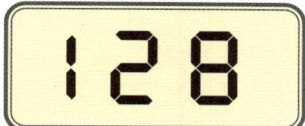

답 (   )

[보기] 158   851   693

아래쪽으로 뒤집은 수 :

왼쪽으로 뒤집은 수 :

851 − 158 =

09 어떤 도형을 왼쪽으로 뒤집어야 할 것을 잘못하여 아래쪽으로 뒤집었더니 왼쪽과 같은 도형이 되었다. 바르게 움직인 도형을 그리시오.

잘못 움직인 도형

바르게 움직인 도형

[보기]   왼쪽   위쪽

잘못 움직인 도형을 _____으로 뒤집으면 처음 도형이 된다.

↓

처음 도형을 _____으로 뒤집으면 바르게 움직인 도형이 된다.

10 수 카드 4장 중에서 3장을 골라 한 번씩만 사용하여 두 번째로 작은 세 자리 수를 만들려고 한다. 만든 수를 아래쪽으로 뒤집으면 어떤 수가 되는지 구하시오. (단, 세 자리 수를 한꺼번에 뒤집는다.)

답 (   )

[보기]   108   105

0 < 1 < 5 < 8

만들 수 있는

가장 작은 세 자리 수:

두 번째로 작은 세 자리 수:

108

아래쪽으로 뒤집은 수:

11 어떤 도형을 오른쪽으로 뒤집고, 아래쪽으로 뒤집었을 때의 도형이다. 처음 도형을 그리시오.

처음 도형

움직인 도형

[보기] 왼쪽 위쪽

아래쪽으로 뒤집기 전의 도형은 으로 뒤집은 도형과 같다.

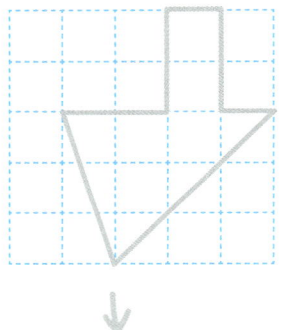

↓

오른쪽으로 뒤집기 전의 도형은 으로 뒤집은 도형과 같다.

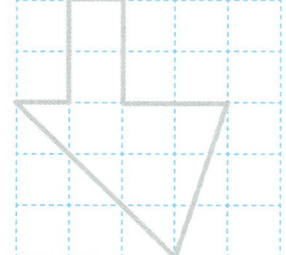

12 다음은 거울에 비친 현재 시각을 나타낸 시계이다. 현우가 5분 후부터 7시까지 청소를 한다면 몇 시간 몇 분을 해야 하는지 구하시오.

답 ( )시간 ( )분

 [보기]　30　5　1

거울에 비친 시계를
오른쪽으로 뒤집으면

현재 시각은 ☐시 25분이다.

5분 후는 5시 ☐분이므로

7시 - 5시 30분 = ☐시간 30분

13 어떤 수에서 수 카드 165의 수를 더해야 할 것을 잘못하여 수 카드를 시계 방향으로 180°만큼 돌렸을 때 만들어지는 수를 더하였더니 830이 되었다. 바르게 계산한 값은 얼마인지 구하시오.

답 (   )

[보기] 591   404   591

시계 방향으로 180°만큼 돌린 수:

어떤 수를 □라 하면

□ + 591 = 830

□ = 830 −

  = 239

바르게 계산하면

239 + 165 =

14 정아가 철봉에 거꾸로 매달려서 벽에 걸려 있는 시계를 보았더니 다음과 같았다. 10분 후 시각은 몇 시 몇 분인지 구하시오.

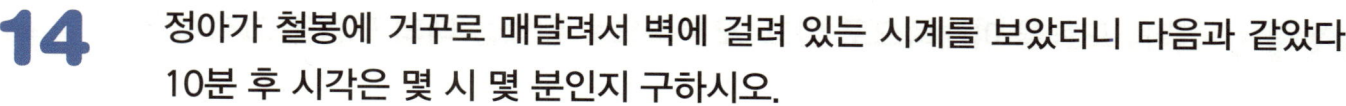

답 ( )시 ( )분

[보기] 25 180 06:15

철봉에 거꾸로 매달려서
시계를 본 모양은 시계를
시계 방향으로 ☐°만큼
돌린 모양과 같다.
시계를 거꾸로 본 모양을
시계 반대 방향으로 180°만큼
돌리면 ☐ 이므로
10분 후 시각은 6시 ☐ 분이다.

01 다음 도형을 아래쪽으로 밀고, 오른쪽으로 밀었을 때의 도형을 그리시오.

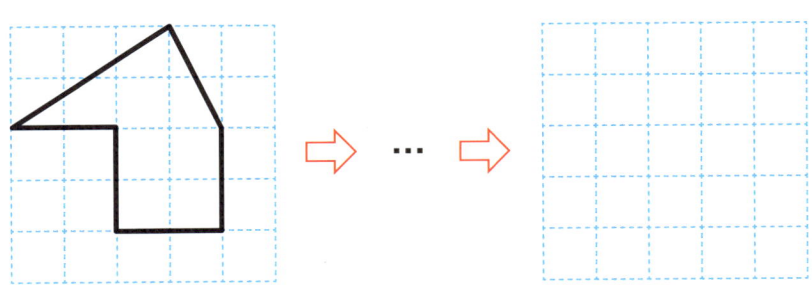

[보기] 모양   어느

도형을 ⬚ 방향으로 여러 번 밀어도 도형의 ⬚ 은 그대로이고 위치만 바뀐다.

02

다음 도형을 시계 반대 방향으로 90°만큼 13번 돌렸을 때의 도형을 그리시오.

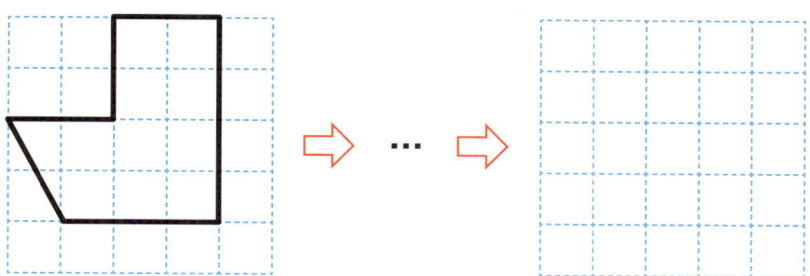

[보기]   1   13

(시계 반대 방향으로 90°만큼

◻번 돌린 도형)

=(시계 반대 방향으로 90°만큼

◻번 돌린 도형)

STEP 3

월 일

03 다음 도형을 위쪽으로 4번 뒤집고, 오른쪽으로 3번 뒤집었을 때의 도형을 그리시오.

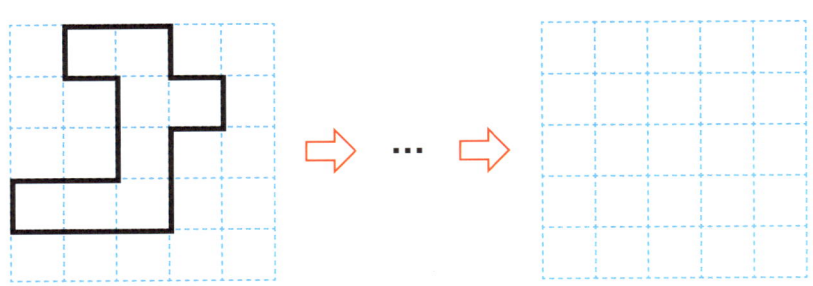

[보기] 오른쪽   처음

(위쪽으로 4번 뒤집은 도형)

=(처음 도형)

(오른쪽으로 3번 뒤집은 도형)

=(오른쪽 으로 1번 뒤집은 도형)

04 다음 도형을 시계 반대 방향으로 180°만큼 2번 돌리고, 시계 방향으로 90°만큼 9번 돌렸을 때의 모양을 그리시오.

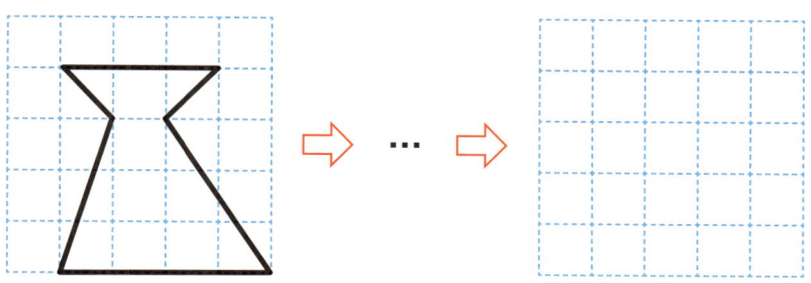

[보기]   1   2

(시계 반대 방향으로 180°만큼 번 돌린 도형)
= (처음 도형)
(시계 방향으로 90°만큼 9번 돌린 도형)
= (시계 방향으로 90°만큼 번 돌린 도형)

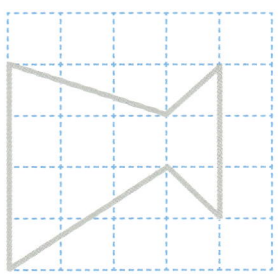

159

05 수 카드 5장 중에서 3장을 골라 한 번씩만 사용하여 가장 큰 세 자리 수를 만들려고 한다. 만든 수를 시계 반대 방향으로 180°만큼 돌렸을 때 만들어지는 수와 처음 수의 차는 얼마인지 구하시오. (단, 세 자리 수를 한꺼번에 뒤집는다.)

답 (   )

[보기] 596   369   965

9 > 6 > 5 > 2 > 1

만들 수 있는

가장 큰 세 자리 수 :

시계 반대 방향으로

180° 만큼 돌린 수 :

965 - 596 =

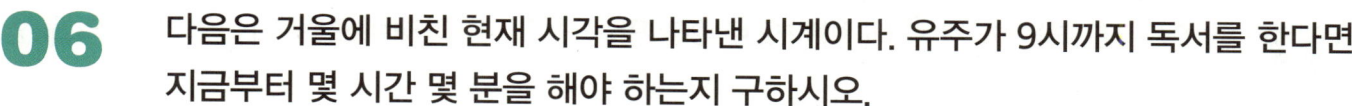

06
다음은 거울에 비친 현재 시각을 나타낸 시계이다. 유주가 9시까지 독서를 한다면 지금부터 몇 시간 몇 분을 해야 하는지 구하시오.

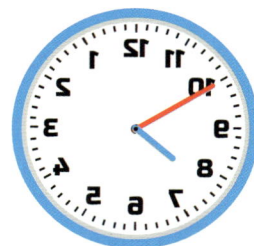

답 (　　　)시간 (　　　)분

[보기]　　10　7

거울에 비친 시계를

오른쪽으로 뒤집으면

현재 시각은 ☐시 50분이다.

9시 - 7시 50분 = 1시간 ☐분

STEP 3

07 어떤 도형을 시계 반대 방향으로 90°만큼 돌리고, 아래쪽으로 뒤집었을 때의 도형이다. 처음 도형을 그리시오.

처음 도형

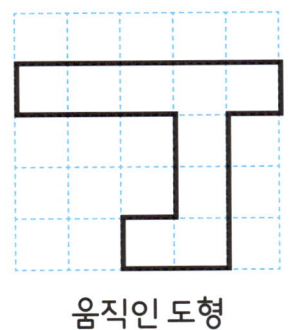

움직인 도형

[보기]   시계   위쪽

아래쪽으로 뒤집기 전의 도형은
[ ]으로 뒤집은 도형과 같다.

↓

시계 반대 방향으로 90°만큼
돌리기 전의 도형은 [ ] 방향
으로 90°만큼 돌린 도형과 같다.

08 다음 수 카드가 나타내는 수에서 어떤 수를 더해야 할 것을 잘못하여 수 카드를 시계 반대 방향으로 180°만큼 돌려서 만들어지는 수에서 어떤 수를 더했더니 95가 되었다. 바르게 계산하면 얼마인지 구하시오.

답 (   )

[보기]   95   41   82

시계 반대 방향으로 180°만큼

돌린 수 : ▢

어떤 수를 □라 하면

82 + □ = 95

□ = ▢ - 82

= 13

바르게 계산하면

28 + 13 = ▢

5 막대그래프

01 온유가 줄넘기를 넘은 횟수를 요일별로 나타낸 막대그래프이다. 목요일은 월요일보다 줄넘기를 몇 번 더 넘었는지 구하시오.

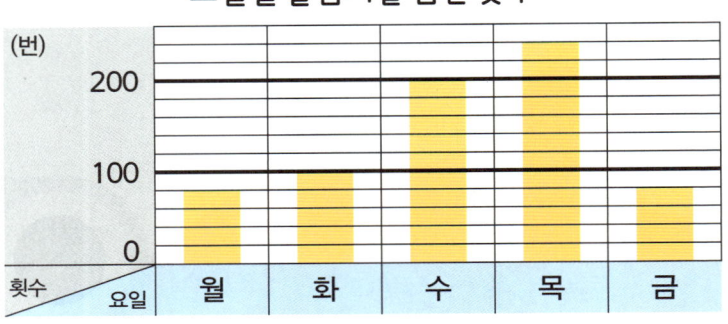

답 (　　　)번

[보기]　8　160　5

세로 눈금 한 칸은
100 ÷ ☐ = 20(번)을 나타내고,
목요일과 월요일의 막대 길이의
차는 ☐ 칸이므로
목요일은 월요일보다 줄넘기를
20 × 8 = ☐ (번) 더 넘었다.

02 지우네 학교의 학년별 학생 수를 조사하여 나타낸 막대그래프이다. 6학년 학생 수는 3학년 학생 수의 몇 배인지 구하시오.

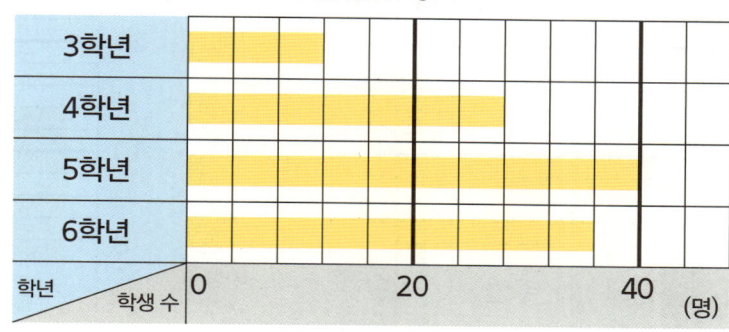

답 ( )배

[보기] 4   20   3

가로 눈금 한 칸은

 ÷ 5 = 4(명)을 나타내므로

6학년 학생 수 4×9 = 36(명)은

3학년 학생 수 ☐×3 = 12(명)의

36÷12 = ☐(배)이다.

STEP 1 기본

03 두 모둠 학생들이 먹은 사탕 수를 조사하여 나타낸 막대그래프이다. 두 모둠에서 사탕을 가장 많이 먹은 학생과 적게 먹은 학생의 사탕 수의 차는 몇 개인지 구하시오.

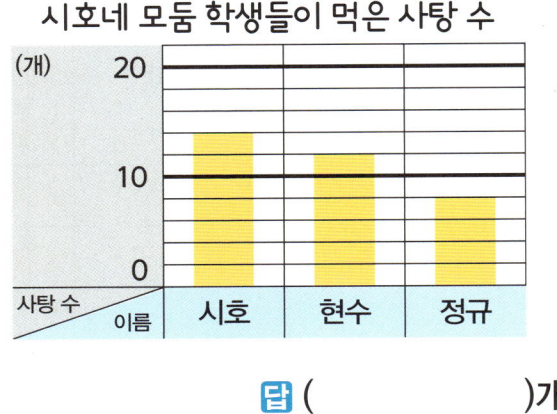

답 (　　　)개

민혜네 모둠의 세로 눈금 한 칸은 1개를 나타내므로
민혜: 7개, 주연: 5개,
소민: ☐개의 사탕을 먹었다.

시호네 모둠의 세로 눈금 한 칸은
10÷5=2(개)를 나타내므로
시호: 2×7=14(개), 현수: 2×6=12(개),
정규: 2×4=8(개)의 사탕을 먹었다.
14−5=☐(개)

04 지태네 반 학생들이 좋아하는 과일을 조사하여 나타낸 막대그래프이다. 사과를 좋아하는 학생이 8명이라면 배를 좋아하는 학생은 몇 명인지 구하시오.

좋아하는 과일별 학생 수

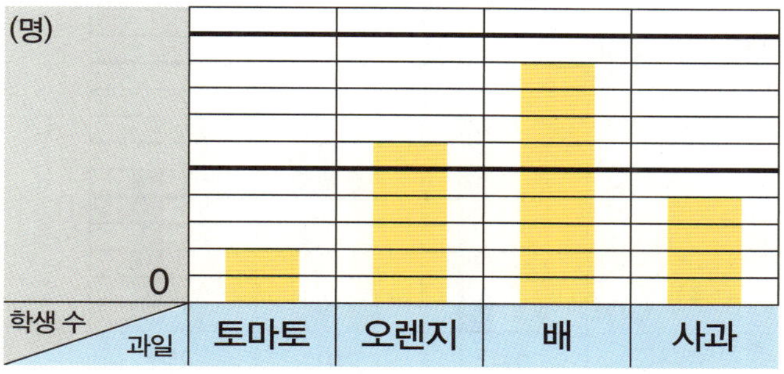

답 ( )명

[보기] 4 18 8

사과 막대의 세로 눈금 4칸이

 명을 나타내므로 세로 눈금 한 칸은

8 ÷ = 2(명)을 나타낸다.

배를 좋아하는 학생은

2 × 9 = (명)이다.

05 현서네 학교 4학년 학생 수를 조사하여 반별로 나타낸 막대그래프이다. 남학생과 여학생 수의 차가 가장 큰 반의 학생은 모두 몇 명인지 구하시오.

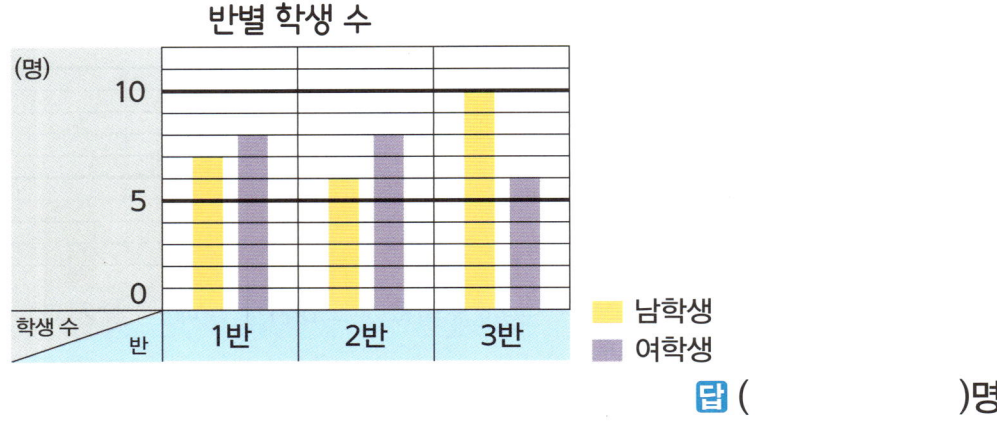

답 (   )명

[보기]　　10　　16　　3

남학생과 여학생의 막대 길이의 차가
가장 큰 반은 　　 반이다.
세로 눈금 한 칸은 1명을 나타내고
3반은 남학생 　　 명,
여학생 6명이므로
모두 10+6= 　　 (명)이다.

06 경수네 반 학생들에게 나누어 주기 위해 산 과일의 수와 과일 한 개의 가격을 조사하여 나타낸 막대그래프이다. 사과를 사는 데 쓴 돈은 얼마인지 구하시오.

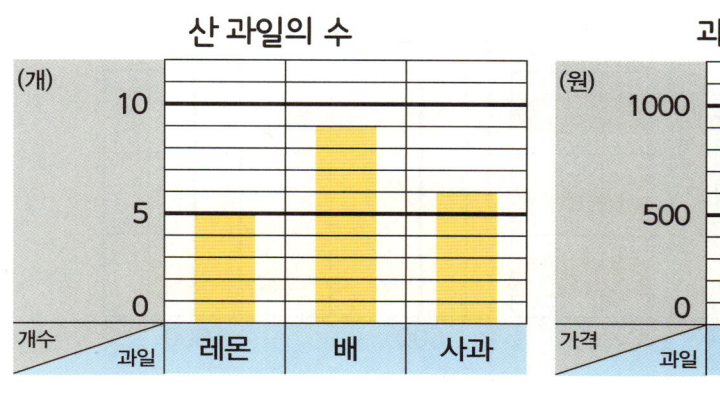
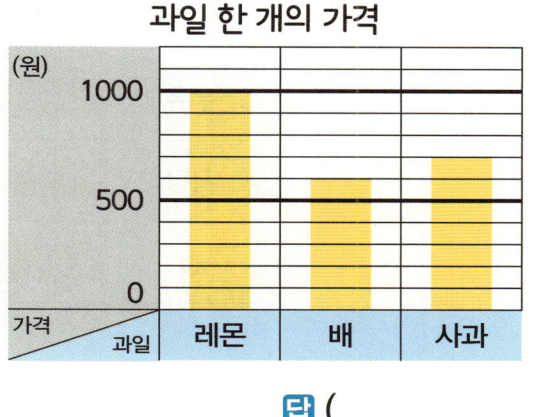

답 (   )원

[보기] 100   6   4200

왼쪽 막대그래프의 세로 눈금 한 칸은 1개를 나타내므로 사과는 ☐개 샀다.

오른쪽 막대그래프의 세로 눈금 한 칸은 500 ÷ 5 = 100 (원)을 나타내므로 사과 한 개의 가격은

☐ × 7 = 700 (원)이다.

사과를 사는 데 쓴 돈은

700 × 6 = ☐ (원)이다.

07 은채가 편의점에서 산 물건의 가격을 나타낸 막대그래프이다. 은채가 물건을 사고 5000원을 냈다면 거스름돈으로 얼마를 받아야 하는지 구하시오.

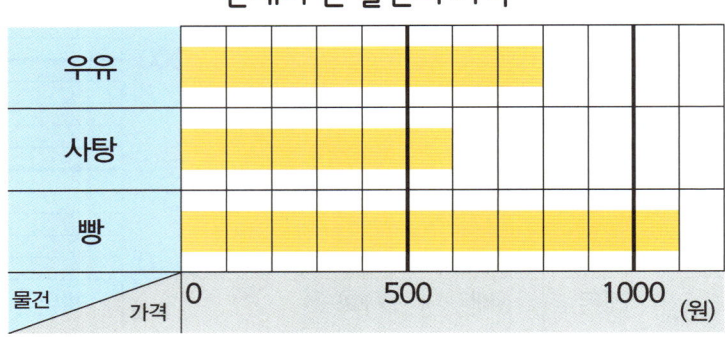

답 (   )원

 [보기] 1100   100   2500

가로 눈금 한 칸은

500 ÷ 5 = 100(원)을 나타내므로

우유는 100 × 8 = 800(원),

사탕은 ▢ × 6 = 600(원),

빵은 100 × 11 = 1100(원)이다.

은채가 산 물건 가격의 합은

800 + 600 + ▢ = 2500(원)이므로

거스름돈으로 5000 - 2500 = ▢ (원)

받아야 한다.

08 한 상자에 들어 있는 물건 수를 조사하여 나타낸 막대그래프이다. 자를 학생 24명에게 한 개씩 나누어 주려면 적어도 몇 상자가 필요한지 구하시오.

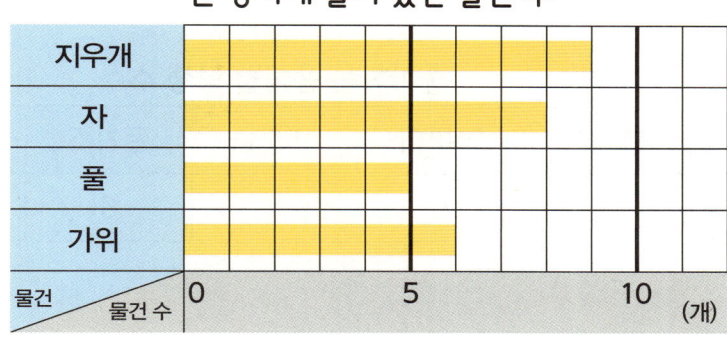

답 (   )상자

[보기]   24   8   3

가로 눈금 한 칸은 1개를 나타내므로
한 상자에 자는 개 들어 있다.
자를 학생 24명에게 한 개씩
나누어 주려면 적어도
☐ ÷ 8 = ☐(상자)가 필요하다.

09 진규네 반 학생들이 좋아하는 음식을 조사하여 나타낸 표이다. 표를 막대그래프로 나타낼 때, 가로 눈금 한 칸이 2명을 나타내도록 한다면 가로 눈금은 적어도 몇 칸 있어야 하는지 구하시오.

좋아하는 음식별 학생 수

음식	햄버거	떡볶이	피자	돈가스	짜장면	합계
학생 수 (명)	7	5		6	4	32

답 (   )칸

 [보기]   10   4   5

피자를 좋아하는 학생은
32-7-5-6-☐=10(명)으로
가장 많다.
☐명까지 나타낼 수 있어야 하고,
가로 눈금 한 칸이 2명을 나타내므로
가로 눈금은 적어도 10÷2=☐(칸)
있어야 한다.

10 진아네 학교 학생들이 좋아하는 계절을 조사하여 나타낸 막대그래프이다. 봄을 좋아하는 학생은 가을을 좋아하는 학생보다 4명 더 많다고 할 때, 봄을 좋아하는 학생은 몇 명인지 구하시오.

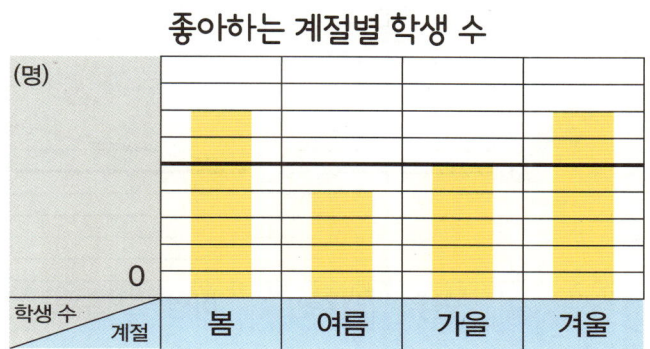

답 (　　　)명

[보기]　　4　　14　　2

봄의 막대는 가을의 막대보다

칸 더 길다.

세로 눈금 2칸이 4명이므로

세로 눈금 한 칸은 ÷2=2(명)을

나타낸다.

봄을 좋아하는 학생은

2×7=　　　(명)이다.

 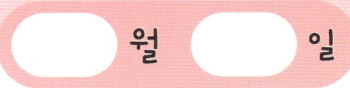

11 연우네 모둠 학생들이 하루 동안 읽은 책의 쪽수를 조사하여 나타낸 막대그래프의 일부분이 찢어졌다. 아영이는 규리의 3배만큼 책을 읽었고, 연우와 수민이의 막대 길이의 차는 4칸이다. 네 사람이 하루 동안 읽은 책은 모두 몇 쪽인지 구하시오.

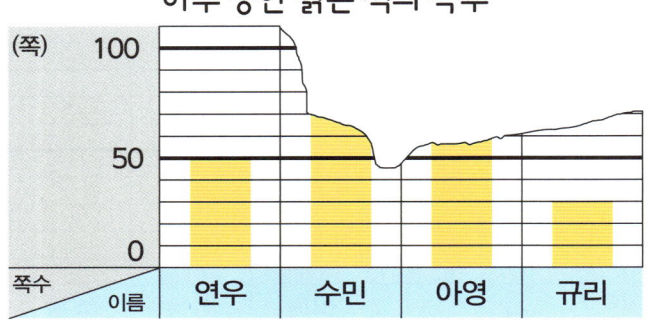

답 (　　　　)쪽

[보기]　　9　　30　　260

세로 눈금 한 칸은

50÷5=10(쪽)을 나타내므로

규리는 10×3=30(쪽),

아영이는 ☐×3=90(쪽)을 읽었다.

수민이의 막대 길이는 5+4=9(칸)이므로

수민이는 10×☐=90(쪽)을 읽었다.

네 사람이 하루 동안 읽은 책의 쪽수

=50+90+90+30=☐(쪽)

12 서울역에서 출발하는 기차의 도착역별 소요 시간을 조사하여 나타낸 막대그래프이다. 막대그래프를 가로 눈금 한 칸이 4분을 나타내는 막대그래프로 바꿔 그린다면 대전역까지의 소요 시간은 몇 칸으로 그려야 하는지 구하시오.

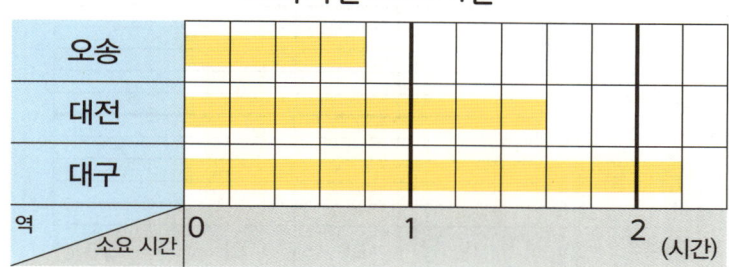

답 ( )칸

[보기] 96 60 24

1시간은 60분이므로 가로 눈금 한 칸은

 ÷ 5 = 12(분)을 나타낸다.

대전역까지의 소요 시간은

12 × 8 = 96(분)이므로

가로 눈금 한 칸이 4분을 나타내는

막대그래프로 바꿔 그린다면

 ÷ 4 = (칸)으로

그려야 한다.

 심화

 월 일

13 마을별 포도 생산량을 조사하여 나타낸 막대그래프이다. 나 마을의 포도 생산량은 60상자이고, 네 마을의 포도 생산량은 모두 280상자이다. 라 마을의 포도 생산량은 막대그래프에 몇 칸으로 그려야 하는지 구하시오.

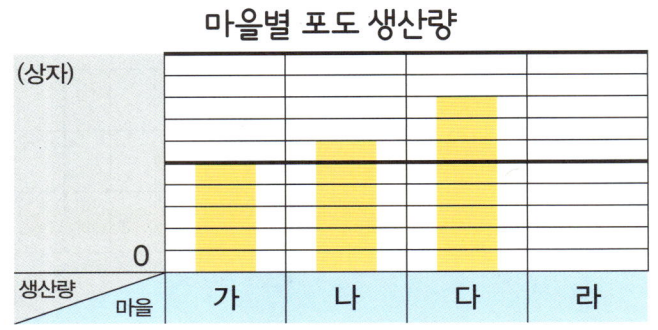

답 ( )칸

[보기] 280 6 9

나 마을의 포도 생산량 60상자가

세로 눈금 6칸이므로 세로 눈금 한 칸은

60÷ ☐ =10(상자)를 나타낸다.

마을별 포도 생산량을 구하면

가 마을은 10×5=50(상자),

다 마을은 10×8=80(상자)이므로

라 마을은

☐ -50-60-80=90(상자)이고

90÷10= ☐ (칸)으로 그려야 한다.

14 경복궁에 하루 동안 방문한 외국인 90명을 조사하여 나타낸 막대그래프이다. 이 날 경복궁에 방문한 미국인은 중국인보다 몇 명 더 많은지 구하시오.

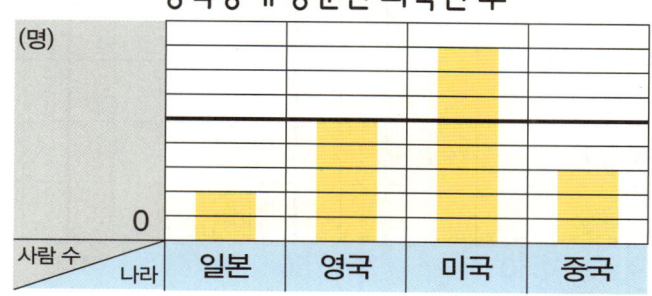

답 (   )명

[보기]   5   25   18

막대의 세로 눈금이 일본 2칸, 영국 5칸, 미국 8칸, 중국 3칸이므로 모두 2+5+8+3=18(칸)이다. 세로 눈금 18칸이 90명을 나타내므로 세로 눈금 한 칸은 90÷☐=5(명)을 나타낸다. 이날 경복궁에 방문한 미국인 ☐×8=40(명)은 중국인 5×3=15(명)보다 40-15=☐(명) 더 많다.

 기본

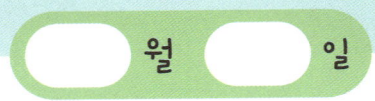 월 일

01 어느 과일 가게에서 하루 동안 판 과일을 조사하여 나타낸 막대그래프이다. 귤은 자두보다 몇 상자 더 많이 팔았는지 구하시오.

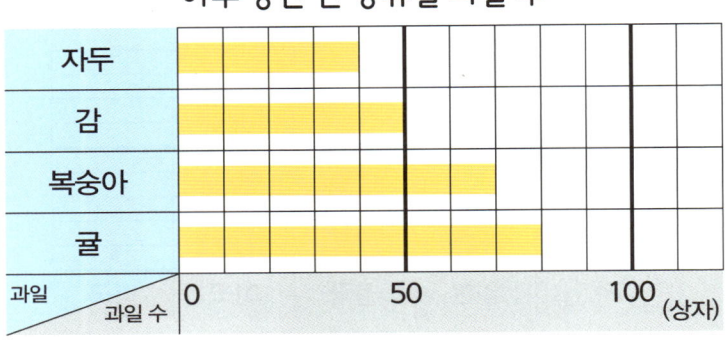

하루 동안 판 종류별 과일 수

답 ( )상자

 [보기] 8   50   40

가로 눈금 한 칸은

☐ ÷5=10(상자)를 나타내므로

자두는 10×4=40(상자),

귤은 10× ☐ =80(상자) 팔았다.

귤은 자두보다 80-40= ☐ (상자)

더 많이 팔았다.

02

마을별 초등학생 수를 조사하여 나타낸 막대그래프이다. 네 마을의 초등학생 수가 50명일 때, 나 마을의 초등학생은 몇 명인지 구하시오.

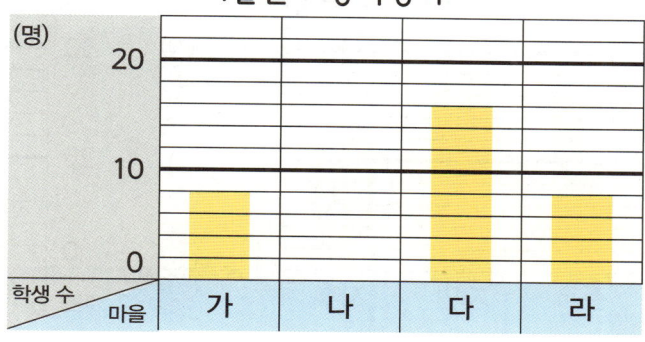

답 (　　　　)명

[보기]　　2　　5　　18

세로 눈금 한 칸은

10 ÷ = 2(명)을 나타내므로

마을별 초등학생 수는

가 마을 2×4=8(명),

다 마을 ☐×8=16(명),

라 마을 2×4=8(명)이다.

나 마을의 초등학생은

50−8−16−8= ☐ (명)이다.

03 두 모둠 학생들이 가지고 있는 구슬 수를 조사하여 나타낸 막대그래프이다. 두 모둠에서 구슬이 가장 많은 학생과 적은 학생의 구슬 수의 차는 몇 개인지 구하시오.

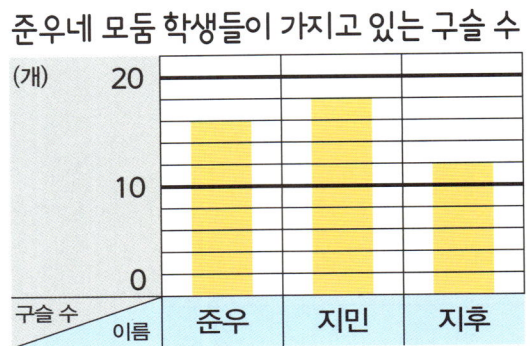
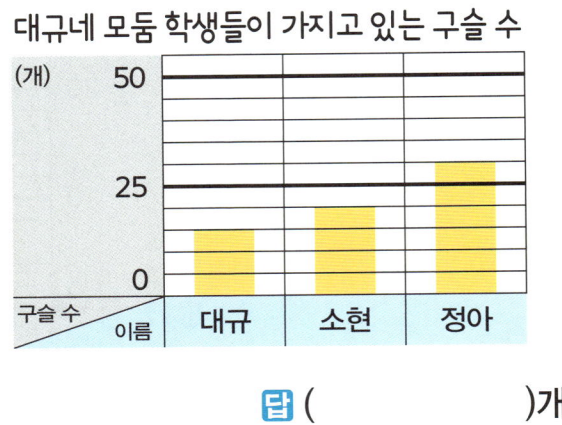

답 (　　　)개

[보기]　　5　18　6

준우네 모둠의 세로 눈금 한 칸은
10÷5=2(개)를 나타내므로
준우: 2×8=16(개), 지민: 2×9=18(개),
지후: 2× ☐ =12(개)의 구슬이 있다.
대규네 모둠의 세로 눈금 한 칸은
25÷5=5(개)를 나타내므로
대규: 5×3=15(개), 소현: 5×4=20(개),
정아: ☐ ×6=30(개)의 구슬이 있다.
30-12= ☐ (개)

04 란희가 가지고 있는 책 수를 조사하여 나타낸 막대그래프이다. 영어책이 100권이라면 역사책은 몇 권인지 구하시오.

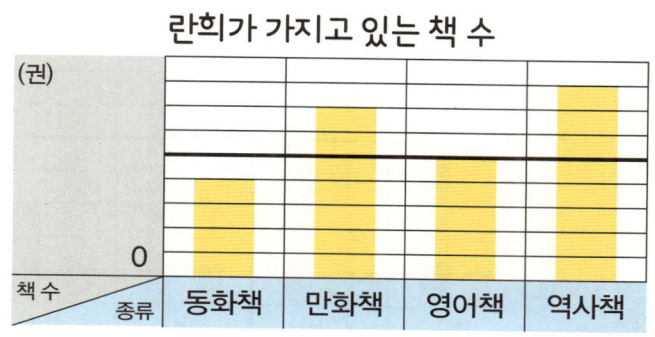

답 ( )권

[보기] 100 160 5

영어책 막대의 세로 눈금 ☐ 칸이 100권을 나타내므로 세로 눈금 한 칸은 ☐ ÷ 5 = 20(권)을 나타낸다.

란희가 가지고 있는 역사책은 20 × 8 = ☐ (권)이다.

05 세아네 학교 4학년 학생 수를 조사하여 반별로 나타낸 막대그래프이다. 남학생과 여학생 수의 차가 가장 적은 반의 학생은 모두 몇 명인지 구하시오.

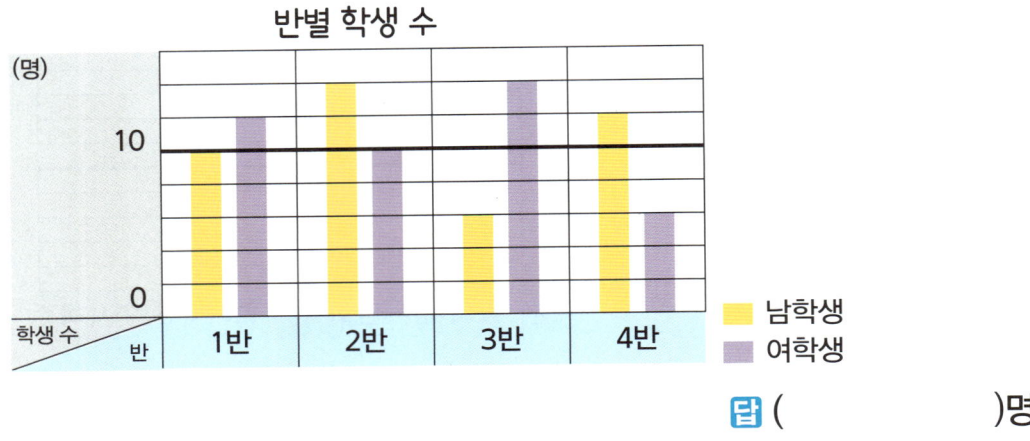

답 (　　　　)명

[보기]　　2　　22　　1

남학생과 여학생의 막대 길이 차가 가장 적은 반은 ☐반이다.
세로 눈금 한 칸은 10÷5=2(명)을 나타내고
1반은 남학생 2×5=10(명),
여학생 ☐×6=12(명)이므로
모두 10+12= ☐ (명)이다.

06

승아네 마을 사람들에게 나누어 주기 위해 산 과일의 상자 수와 한 상자에 들어 있는 과일 수를 조사하여 나타낸 막대그래프이다. 참외는 모두 몇 개 샀는지 구하시오.

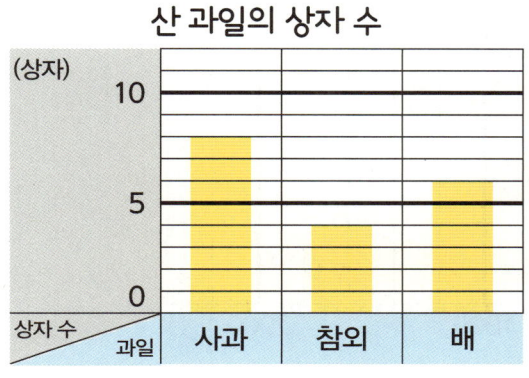
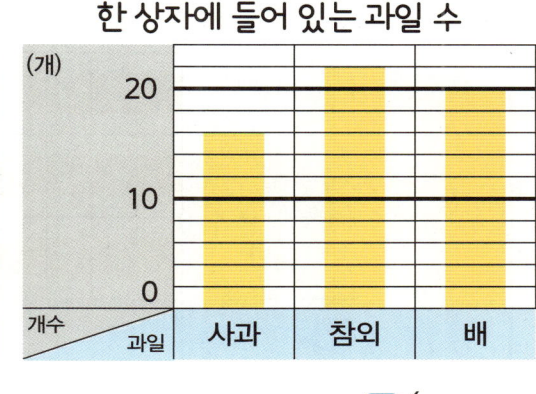

답 ( )개

[보기] 2 1 88

왼쪽 막대그래프의 세로 눈금 한 칸은 ☐상자를 나타내므로 참외는 4상자 샀다.

오른쪽 막대그래프의 세로 눈금 한 칸은 10÷5=2(개)를 나타내므로 참외 한 상자에 ☐×11=22(개)씩 들어 있다.

참외는 모두 22×4=☐(개) 샀다.

07 태희가 편의점에서 산 물건의 가격을 나타낸 막대그래프이다. 태희가 물건을 사고 5000원을 냈다면 거스름돈으로 얼마를 받아야 하는지 구하시오.

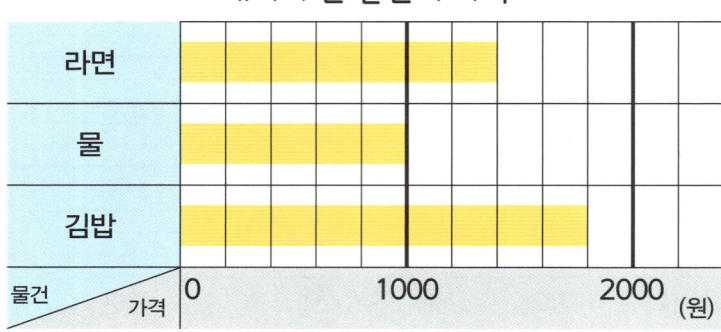

답 (　　　　)원

 [보기] 1800 800 200

가로 눈금 한 칸은

1000÷5=200(원)을 나타내므로

라면은 200×7=1400(원),

물은 　　×5=1000(원),

김밥은 200×9=1800(원)이다.

태희가 산 물건 가격의 합은

1400+1000+　　=4200(원)이므로

거스름돈으로 5000-4200=　　(원)

받아야 한다.

08 한 상자에 들어 있는 간식 수를 조사하여 나타낸 막대그래프이다. 과자를 학생 36명에게 한 개씩 나누어 주려면 적어도 몇 상자가 필요한지 구하시오.

답 ( )상자

[보기] 36 9 4

세로 눈금 한 칸은 1개를 나타내므로

한 상자에 과자는 개 들어 있다.

과자를 학생 36명에게 한 개씩

나누어주려면 적어도

÷4=(상자)가 필요하다.

09 소희네 학교 4학년 학생들이 가 보고 싶은 소풍 장소를 조사하여 나타낸 표이다. 표를 막대그래프로 나타낼 때, 가로 눈금 한 칸이 5명을 나타내도록 한다면 가로 눈금은 적어도 몇 칸 있어야 하는지 구하시오.

가 보고 싶은 소풍 장소별 학생 수

장소	놀이공원	동물원	식물원	경복궁	영화관	합계
학생 수 (명)	25		15	10	20	100

답 (　　　)칸

[보기]　30　20　6

동물원에 가 보고 싶은 학생은
100-25-15-10-☐=30(명)으로
가장 많다.
☐명까지 나타낼 수 있어야 하고,
가로 눈금 한 칸이 5명을 나타내므로
가로 눈금은 적어도 30÷5=☐(칸)
있어야 한다.

10 인아네 학교 학생들이 좋아하는 계절을 조사하여 나타낸 막대그래프이다. 가을을 좋아하는 학생은 겨울을 좋아하는 학생보다 6명 더 많다고 할 때, 겨울을 좋아하는 학생은 몇 명인지 구하시오.

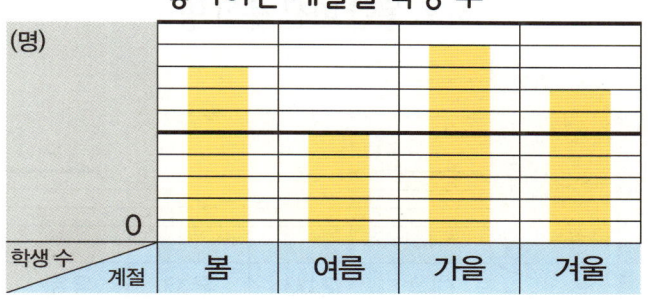

답 (   )명

[보기] 6   2   21

가을의 막대는 겨울의 막대보다 칸 더 길다.

세로 눈금 2칸이 6명이므로

세로 눈금 한 칸은 ☐÷2=3(명)을 나타낸다.

겨울을 좋아하는 학생은

3×7=☐ (명)이다.

11 대호네 모둠 학생들이 하루 동안 마신 물의 양을 조사하여 나타낸 막대그래프의 일부분이 찢어졌다. 진서는 윤하의 3배만큼 물을 마셨고, 대호와 은재의 막대 길이의 차는 2칸이다. 네 사람이 하루 동안 마신 물의 양은 모두 몇 mL인지 구하시오.

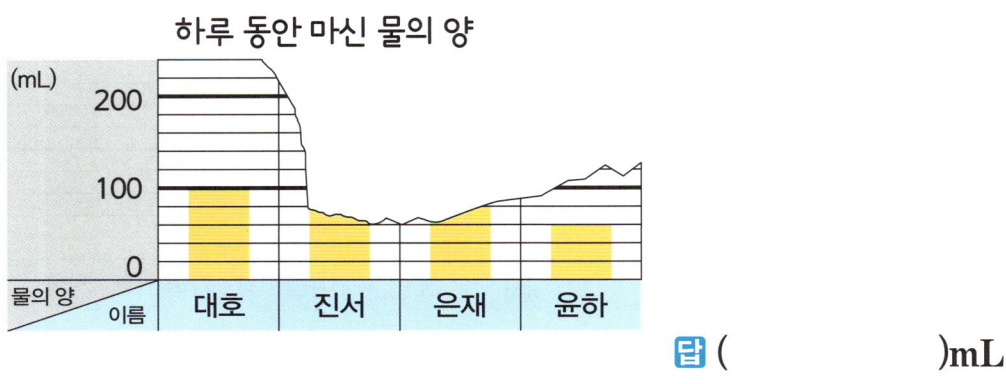

답 ( )mL

[보기] 60   7   480

세로 눈금 한 칸은
$100 \div 5 = 20$ (mL)를 나타내므로
윤하는 $20 \times 3 = 60$ (mL),
진서는 ☐ $\times 3 = 180$ (mL)를 마셨다.
은재의 막대 길이는 $5 + 2 = 7$(칸)이므로
은재는 $20 \times$ ☐ $= 140$ (mL)를 마셨다.
네 사람이 하루 동안 마신 물의 양
$= 100 + 180 + 140 + 60$
$=$ ☐ (mL)

12 용산역에서 출발하는 기차의 도착역별 소요 시간을 조사하여 나타낸 막대그래프이다. 막대그래프를 가로 눈금 한 칸이 3분을 나타내는 막대그래프로 바꿔 그린다면 목포역까지의 소요 시간은 몇 칸으로 그려야 하는지 구하시오.

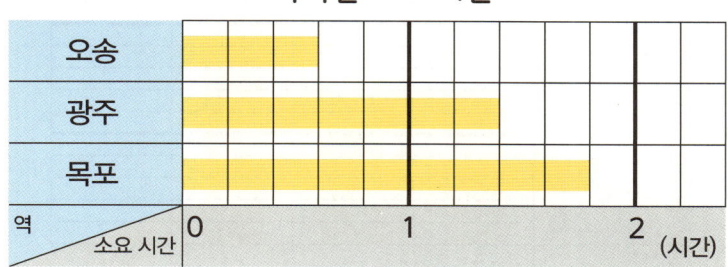

답 ( )칸

[보기] 108   60   36

1시간은 60분이므로 가로 눈금 한 칸은

☐ ÷ 5 = 12(분)을 나타낸다.

목포역까지의 소요 시간은

12 × 9 = 108(분)이므로

가로 눈금 한 칸이 3분을 나타내는

막대그래프로 바꿔 그린다면

☐ ÷ 3 = ☐ (칸)으로

그려야 한다.

13 마을별 감자 생산량을 조사하여 나타낸 막대그래프이다. 가 마을의 감자 생산량이 56상자이고, 네 마을의 감자 생산량은 모두 192상자이다. 라 마을의 감자 생산량은 막대그래프에 몇 칸으로 그려야 하는지 구하시오.

마을별 감자 생산량

답 (   )칸

 [보기]   192   56   3

가 마을의 감자 생산량 56상자가
세로눈금 7칸이므로 세로 눈금 한 칸은
☐÷7=8(상자)를 나타낸다.
마을별 감자 생산량을 구하면
나 마을은 8×5=40(상자),
다 마을은 8×9=72(상자)이므로
라 마을은
☐-56-40-72=24(상자)이고
24÷8=☐(칸)으로 그려야 한다.

14 창덕궁에 하루 동안 방문한 외국인 108명을 조사하여 나타낸 막대그래프이다. 이 날 창덕궁에 방문한 인도인은 영국인보다 몇 명 더 많은지 구하시오.

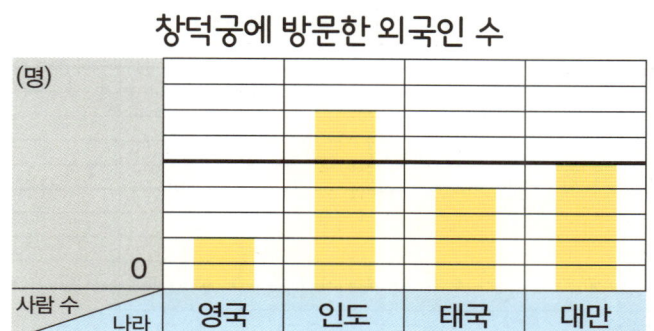

답 (   )명

 [보기]   108   6   30

막대의 세로 눈금이 영국 2칸,

인도 7칸, 태국 4칸, 대만 5칸이므로

모두 2+7+4+5=18(칸)이다.

세로 눈금 18칸이 ▢ 명을 나타내므로

세로 눈금 한 칸은 108÷18=6(명)을

나타낸다. 이날 창덕궁에 방문한

인도인 ▢×7=42(명)은

영국인 6×2=12(명)보다

42-12=▢(명) 더 많다.

STEP 3

01 보배네 학교 4학년 학생들이 좋아하는 체육 활동을 조사하여 나타낸 막대그래프이다. 피구를 좋아하는 학생은 몇 명인지 구하시오.

좋아하는 체육 활동별 학생 수

답 (　　　　)명

[보기]　5　25　35

세로 눈금 한 칸은

☐ ÷ 5 = 5 (명)을 나타내므로

피구를 좋아하는 학생은

☐ × 7 = ☐ (명)이다.

02 어느 인형 가게에서 한 달 동안 팔린 인형 수를 조사하여 나타낸 막대그래프이다. 다음 막대그래프의 세로 눈금 한 칸을 4개로 바꾸어 다시 나타낼 때, 토끼 인형은 몇 칸으로 나타내야 하는지 구하시오.

답 (   )칸

[보기]   4   20   15

세로 눈금 한 칸은
100÷5 = 20(개)를 나타내므로
한 달 동안 팔린 토끼 인형 수는
☐ ×3 = 60(개)이다.
세로 눈금 한 칸을 4개로 바꾸어
다시 나타낸다면 토끼 인형은
60÷☐ = ☐ (칸)으로
나타내야 한다.

03

두 모둠 학생들이 읽은 책 수를 조사하여 나타낸 막대그래프이다. 두 모둠에서 책을 가장 많이 읽은 학생과 가장 적게 읽은 학생의 책 수의 차는 몇 권인지 구하시오.

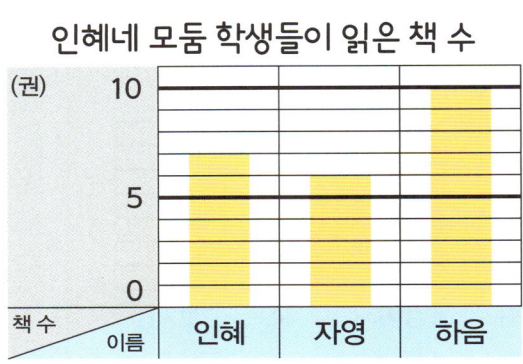
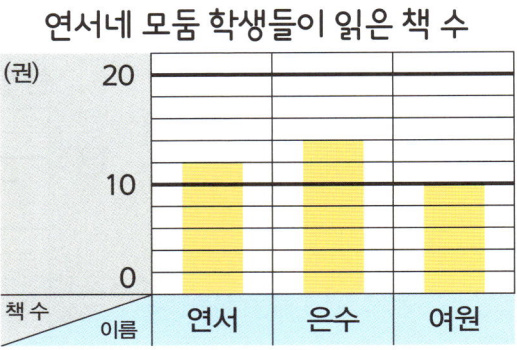

답 ( )권

[보기]   2   6   8

인혜네 모둠의 세로 눈금 한 칸은 1권을 나타내므로
인혜: 7권, 자영: ☐ 권, 하음: 10권의 책을 읽었다.
연서네 모둠의 세로 눈금 한 칸은
10 ÷ 5 = 2 (권)을 나타내므로
연서: 2×6=12(권), 은수: 2×7=14(권), 여원: ☐ ×5=10(권)의 책을 읽었다.
14 − 6 = ☐ (권)

04 예서네 학교 학생들 중에서 안경을 쓴 학생 수를 조사하여 나타낸 막대그래프이다. 안경을 쓴 남학생과 여학생 수의 차가 가장 큰 학년의 안경을 쓴 학생은 모두 몇 명인지 구하시오.

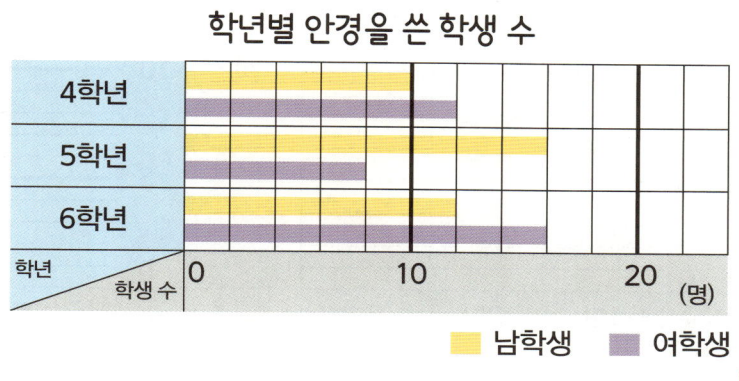

답 (   )명

[보기]   2   5   24

안경을 쓴 남학생과 여학생의 막대 길이의 차가 가장 큰 학년은 ☐학년이다.

가로 눈금 한 칸은 10÷5=2(명)을 나타내고

5학년 학생들 중에서 안경을 쓴 남학생은 ☐×8=16(명),

여학생은 2×4=8(명)이므로

모두 16+8=☐(명)이다.

05 다혜네 학교 4학년 반별 학생 수와 놀이기구에 한 번에 탈 수 있는 사람 수를 조사하여 나타낸 막대그래프이다. 3반 학생들이 정글보트를 모두 타려면 적어도 몇 번을 타야 하는지 구하시오.

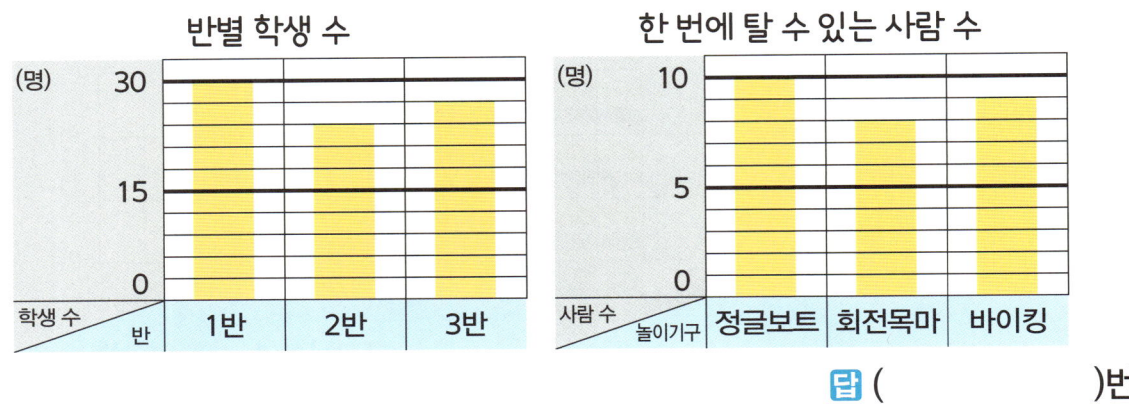

답 ( )번

[보기]   10   3   9

왼쪽 막대그래프의 세로 눈금 한 칸은

15÷5=3(명)을 나타내므로

3반의 학생 수는 3× ☐ =27(명)이다.

오른쪽 막대그래프의 세로 눈금 한 칸은

1명을 나타내므로 정글보트는

한 번에 10명까지 탈 수 있다.

27÷ ☐ = 2…7 이므로 모두 타려면

적어도 2+1= ☐ (번)을 타야 한다.

06

어느 학교 학생 50명의 장래 희망을 조사하여 나타낸 막대그래프이다. 장래 희망이 요리사인 학생은 몇 명인지 구하시오.

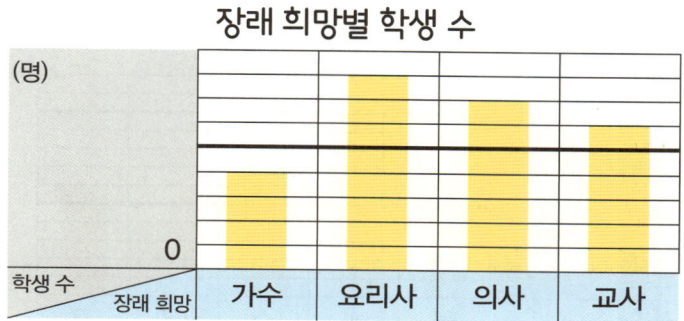

장래 희망별 학생 수

답 (   )명

[보기] 25   50   16

막대의 세로 눈금이

가수는 4칸, 요리사는 8칸,

의사는 7칸, 교사는 6칸이므로

모두 4+8+7+6 = ☐ (칸)이다.

세로 눈금 25칸이 50명을 나타내므로

세로 눈금 한 칸은 ☐ ÷25=2(명)을

나타낸다.

장래 희망이 요리사인 학생은

2×8 = ☐ (명)이다.

07 건희가 요일별 게임을 한 시간을 조사하여 나타낸 막대그래프이다. 5일 동안 게임을 한 시간이 168분이고, 월요일에 게임을 한 시간이 28분이다. 목요일에 게임을 한 시간은 몇 분인지 구하시오.

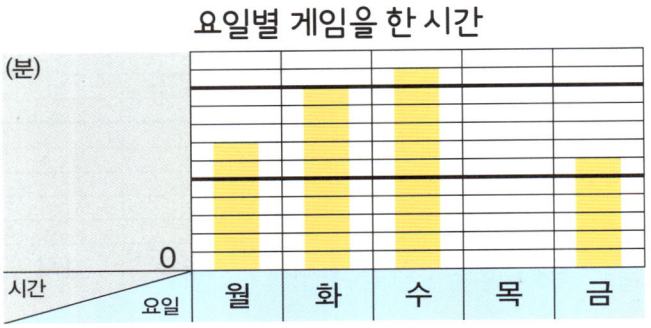

답 (   )분

[보기]   28   32   4

월요일에 게임을 한 시간 28분이

세로 눈금 7칸이므로 세로눈금 한 칸은

 ÷ 7 = 4 (분)을 나타낸다.

요일별 게임을 한 시간을 구하면

화요일은 4 × 10 = 40 (분),

수요일은 ☐ × 11 = 44 (분),

금요일은 4 × 6 = 24 (분)이므로

목요일은

168 − 28 − 40 − 44 − 24 = ☐ (분)이다.

08 건우네 반 학생 24명의 취미를 조사하여 나타낸 막대그래프의 일부분이 찢어졌다. 취미가 독서인 학생이 운동인 학생보다 2명 더 많았다. 취미가 운동인 학생은 몇 명인지 구하시오.

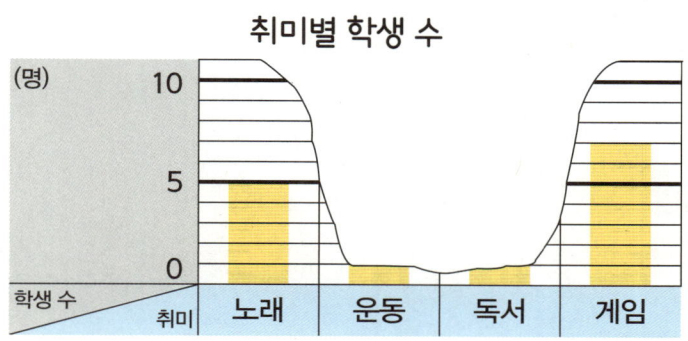

답 (　　　)명

[보기] (□＋2)　5　□

취미가 운동인 학생과

독서인 학생 수의 합은

24－5－7＝12(명)이다.

취미가 운동인 학생을 명이라 하면

독서인 학생은 명이므로

□＋(□＋2)＝12

□＋□＝12－2＝10

□＝10÷2＝5

취미가 운동인 학생 수 :　　명

6 규칙 찾기

01 다음 수의 배열에서 규칙을 찾아 빈칸에 알맞은 수를 구하시오.

8100 → 7850 → 7600 →
7350 → ☐ → 6850

답 (   )

[보기]   250   7100

8100부터 시작하여
→ 방향으로 ☐ 씩
작아지는 규칙이다.
빈칸에 알맞은 수
= 7350 - 250
= ☐

02
다음 수 배열표에서 규칙을 찾아 ㉠, ㉡에 알맞은 수의 합을 구하시오.

| 256 | 64 | ㉠ | 4 | | |
| | 192 | ㉡ | 12 | 3 | |

답 (   )

[보기] 192   64   4

가로는 왼쪽의 수를 로 나눈 몫을 오른쪽에 쓰는 규칙이다.

㉠ = 64 ÷ 4
   = 16

㉡ = ÷ 4
   = 48

㉠ + ㉡ = 16 + 48
       =

STEP 1 기본

03 다음 수 배열표에서 규칙을 찾아 ㉠, ㉡에 알맞은 수의 차를 구하시오.

13	26	52	
39		156	312
117	㉠		936
351			㉡
	2106	4212	

답 (　　　　　)

[보기]　3　2574　2

가로는 왼쪽의 수와 ☐의 곱을 오른쪽에 쓰는 규칙이다.

㉠ = 117 × 2
　 = 234

세로는 위쪽의 수와 ☐의 곱을 아래쪽에 쓰는 규칙이다.

㉡ = 936 × 3
　 = 2808

㉡ - ㉠ = 2808 - 234
　　　 = ☐

04 삼각형으로 만든 도형의 배열을 보고 여섯째 모양을 만드는 데 필요한 삼각형의 수를 구하시오.

첫째　　둘째　　셋째　　넷째

답 (　　　　) 개

[보기]　1　넷째　21

순서	삼각형의 수 (개)
첫째	1
둘째	1 + 2
셋째	1 + 2 + 3
☐	1 + 2 + 3 + 4

삼각형의 수가 ☐ 개부터 시작하여 2개, 3개, 4개, … 씩 늘어나는 규칙이다.

여섯째는 1 + 2 + 3 + 4 + 5 + 6 = ☐ (개)가 필요하다.

05 다음 덧셈식의 배열에서 규칙을 찾아 빈칸에 알맞은 식을 구하시오.

$$900+900=1800$$
$$800+800=1600$$
$$\boxed{}$$
$$600+600=1200$$

답 (   )

 [보기] 700 1400 200

900부터 100씩 작아지는 수에

100씩 작아지는 수를 더하면

계산 결과는 ☐ 씩 작아진다.

빈칸에 알맞은 식:

☐ + 700 = ☐

06 다음 나눗셈식의 배열에서 규칙을 찾아 빈칸에 알맞은 곱셈식을 구하시오.

| 176 ÷ 11 = 16 |
| 286 ÷ 11 = 26 |
| 396 ÷ 11 = 36 |
| 506 ÷ 11 = 46 |

→

| 16 × 11 = 176 |
| 26 × 11 = 286 |
| |
| 46 × 11 = 506 |

답 (   )

[보기] 110   10   396

176부터 110씩 커지는 수를 11로 나누면 몫이 16부터 씩 커지는 규칙이므로 16부터 10씩 커지는 수에 11을 곱하면 계산 결과가 176부터 씩 커지는 규칙이다.

빈칸에 알맞은 곱셈식:
36 × 11 = ▢

STEP 1 응용

07 다음과 같이 면봉으로 삼각형 모양을 만들고 있다. 삼각형 7개를 만드는 데 필요한 면봉은 모두 몇 개인지 구하시오.

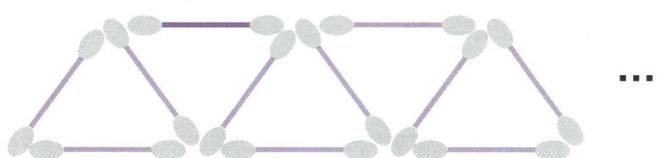

답 (   )개

[보기] 2   15   3

삼각형의 수(개)	면봉의 수(개)
1	3
2	3+2
3	3+2+2
4	3+2+2+☐

삼각형이 1개씩 늘어날 때마다 면봉은 2개씩 늘어나는 규칙이다.

삼각형 7개를 만드는 데 필요한 면봉의 수
= ☐ +2+2+2+2+2+2 = ☐ (개)

08 다음 수의 배열에서 규칙을 찾아 ㉠, ㉡에 알맞은 수의 합을 구하시오.

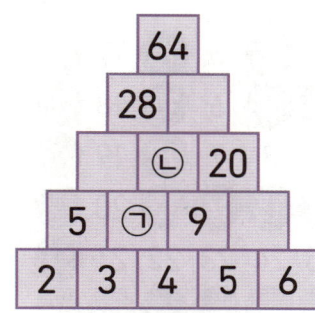

답 (　　　　　)

[보기] 윗 23 아랫

 줄의 두 수의 합이
 줄의 가운데 수와 같다.

㉠ = 3+4
　 = 7

㉡ = ㉠ + 9
　 = 7+9
　 = 16

㉠ + ㉡ = 7+16
　　　 =

09 흰색 바둑돌과 검은색 바둑돌에 표시된 수의 배열을 보고 ㉠에 알맞은 수를 구하시오.

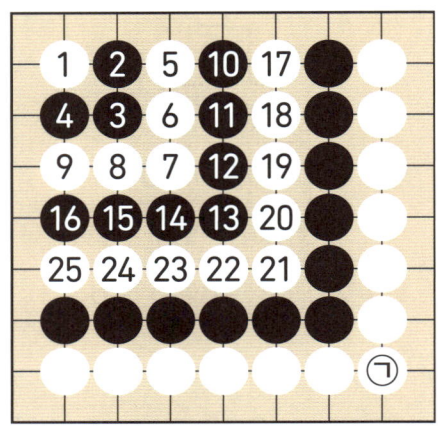

답 (   )

[보기]   12   43   6

1부터 시작하여 ↘ 방향의 수:

1 $\xrightarrow{+2}$ 3 $\xrightarrow{+4}$ 7 $\xrightarrow{+\;}$ 13 $\xrightarrow{+8}$ 21

1부터 시작하여 2, 4, 6, 8, …씩 커지는 규칙이다.

㉠ = 21 + 10 + ☐

= ☐

10 두께가 2mm인 도화지가 1장 있다. 이 도화지를 반으로 계속 접어서 접은 도화지의 두께가 1cm를 넘으려면 적어도 몇 번 접어야 하는지 구하시오.

답 (   )번

[보기]   2   10   3

1cm = ☐ mm

도화지를 한 번 접을 때마다 두께는 2배가 된다.

접은 횟수(번)	두께(mm)
1	2×2=4
2	4×2=8
3	8×☐=16

3번 접으면 두께가 16mm이므로 적어도 ☐ 번 접어야 한다.

STEP 1 심화

11 다음은 삼각형의 4개의 칸에 일정한 규칙으로 수를 써놓은 것이다. ㉠에 알맞은 수를 구하시오.

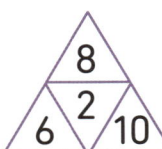 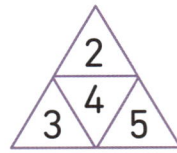 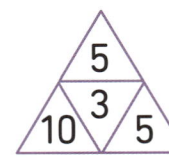 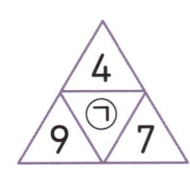

답 (   )

[보기]   몫   4   합

첫째 삼각형:
$6+10=16$, $16 \div 8 = 2$

둘째 삼각형:
$3+5=8$, $8 \div 2 = 4$

셋째 삼각형:
$10+5=15$, $15 \div 5 = 3$

삼각형의 가운데에 있는 수는 삼각형 아래에 있는 두 수의 ☐을 삼각형 위에 있는 수로 나눈 ☐이다.

$9+7=16$, $16 \div 4 = 4$이므로

㉠ = ☐

12 다음과 같이 규칙에 따라 수를 늘어놓을 때 11째에 올 수를 구하시오.

1 1 2 3 5 8 13 21 …

답 (   )

 [보기] 21   34   89

1+1 = 2

1+2 = 3

2+3 = 5

⋮

앞의 두 수를 더하면 뒤의 수가 나오는 규칙이다.

아홉째: 13+21 = ☐

열째: ☐ +34 = 55

11째: 34+55 = ☐

STEP 1 심화

13 다음과 같은 규칙으로 바둑돌을 놓았다. 검은색 바둑돌이 25개일 때 흰색 바둑돌은 몇 개인지 구하시오.

첫째　둘째　셋째　넷째

답 (　　　)개

[보기]　2　11　4

순서	검은색 (개)	흰색 (개)
첫째	1×1	3
둘째	2×2	3+2
셋째	3×3	3+2+2
넷째	4× ☐	3+2+2+2

검은색 바둑돌이 25개일 때는 25=5×5이므로 다섯째이다.

흰색 바둑돌은 3개부터 ☐ 개씩 늘어나는 규칙이므로 다섯째는 3+2+2+2+2= ☐ (개) 놓인다.

14 다음과 같이 면봉으로 사각형 모양을 만들고 있다. 면봉 19개로 만들 수 있는 사각형은 모두 몇 개인지 구하시오.

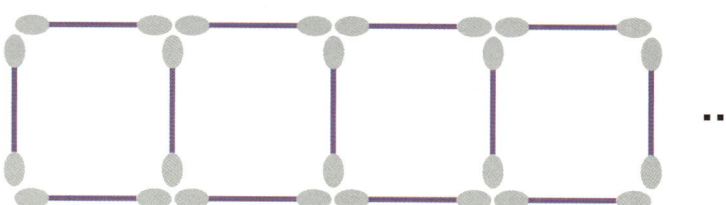

답 ( )개

[보기] 15 4 6

사각형 1개를 만들 때 필요한 면봉은 개이고, 사각형을 이어 붙여서 1개 더 만들 때마다 3개의 면봉이 필요하다.

19 - 4 = 15 (개) 이고,

 = 3+3+3+3+3 이므로

면봉 19개로 만들 수 있는 사각형은 1+5 = ▢ (개) 이다.

01 다음 수의 배열에서 규칙을 찾아 빈칸에 알맞은 수를 구하시오.

답 (　　　　　)

[보기]　72　2

288부터 시작하여 왼쪽의 수를 ☐로 나눈 몫을 오른쪽에 쓰는 규칙이다.

빈칸에 알맞은 수
= 144 ÷ 2
= ☐

02 다음 수 배열표에서 규칙을 찾아 ㉠, ㉡에 알맞은 수의 차를 구하시오.

㉠	1620	1490	
5250	5120	4990	4860
	8490	8360	㉡

답 (   )

 [보기] 8360 6480 130

가로는 → 방향으로  씩

작아지는 규칙이다.

㉠ - 130 = 1620

㉠ = 1620 + 130

　　= 1750

㉡ = ☐ - 130

　　= 8230

㉡ - ㉠ = 8230 - 1750

　　　= ☐

 월   일

03 다음 수 배열표에서 규칙을 찾아 ㉠, ㉡에 알맞은 수의 합을 구하시오.

8125	8226	8327	
6125		6327	
		4327	㉠
2125	2226		
	㉡		428

답 (   )

 [보기] 2000 101 4654

가로는 → 방향으로  씩

커지는 규칙이다.

㉠ = 4327 + 101

= 4428

세로는 ↓방향으로  씩

작아지는 규칙이다.

㉡ = 2226 - 2000

= 226

㉠ + ㉡ = 4428 + 226

=

04 바둑돌로 만든 모양의 배열을 보고 다섯째 모양을 만드는 데 필요한 바둑돌의 수를 구하시오.

첫째　둘째　셋째　넷째

답 (　　　　) 개

[보기]　4　넷째　20

순서	바둑돌의 수 (개)
첫째	4
둘째	4 + 4
셋째	4 + 4 + 4
☐	4 + 4 + 4 + 4

바둑돌의 수가 4개부터 시작하여

☐ 개씩 늘어나는 규칙이다.

다섯째는 4 + 4 + 4 + 4 + 4

= ☐ (개) 가 필요하다.

05 다음 뺄셈식의 배열에서 규칙을 찾아 빈칸에 알맞은 식을 구하시오.

$$2500 - 100 = 2400$$
$$2400 - 200 = 2200$$
$$2300 - 300 = 2000$$

답 (   )

 [보기] 400   1800   200

100씩 작아지는 수에서

100씩 커지는 수를 빼면

계산 결과는 ☐씩 작아진다.

빈칸에 알맞은 식:

2200 - ☐ = ☐

06 다음 곱셈식의 배열에서 규칙을 찾아 다섯째에 알맞은 곱셈식을 구하시오.

첫째	15×9=3×45
둘째	25×9=5×45
셋째	35×9=7×45
넷째	45×9=9×45

답 ( )

[보기] 2 10 11

15부터 ☐씩 커지는 수에 9를 곱하면 3부터 ☐씩 커지는 수에 45를 곱한 것과 같은 규칙이다.

다섯째에 알맞은 곱셈식:

55 × 9 = ☐ × 45

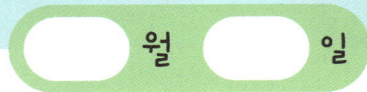

07 다음과 같이 면봉으로 모양을 만들고 있다. ⬠모양 6개를 만드는 데 필요한 면봉은 모두 몇 개인지 구하시오.

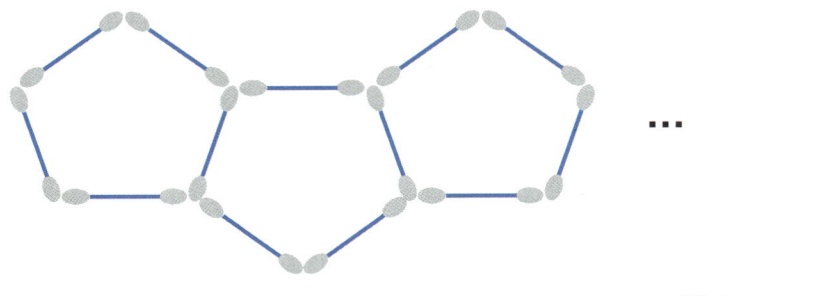

답 (   )개

[보기] 4   25   4

모양의 수(개)	면봉의 수(개)
1	5
2	5+4
3	5+4+4
4	5+4+4+ ☐

모양이 1개씩 늘어날 때마다

면봉은 ☐ 개씩 늘어나는 규칙이다.

모양 6개를 만드는 데

필요한 면봉의 수

=5+4+4+4+4+4= ☐ (개)

08 다음 수의 배열에서 규칙을 찾아 ㉠, ㉡에 알맞은 수의 합을 구하시오.

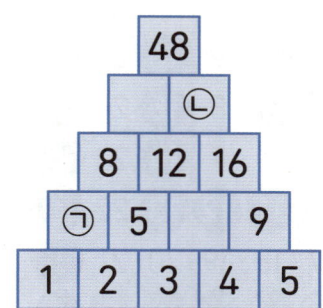

답 (   )

 [보기]   12   2   31

아랫줄의 두 수의 합이 윗줄의 가운데 수와 같다.

㉠ = 1 + ☐
   = 3

㉡ = ☐ + 16
   = 28

㉠ + ㉡ = 3 + 28
       = ☐

09 흰색 바둑돌과 검은색 바둑돌에 표시된 수의 배열을 보고 ㉠에 알맞은 수를 구하시오.

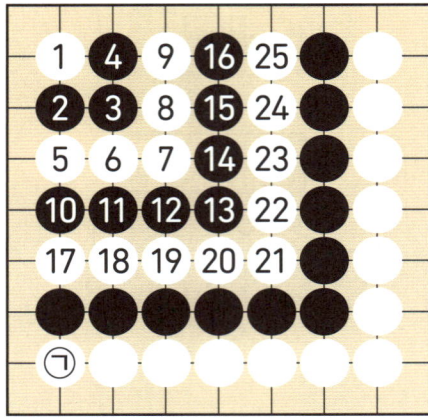

답 (   )

[보기]   11   7   37

1부터 시작하여 ↓ 방향의 수:

$1 \xrightarrow{+1} 2 \xrightarrow{+3} 5 \xrightarrow{+5} 10 \xrightarrow{+\square} 17$

1부터 시작하여 1, 3, 5, 7, … 씩 커지는 규칙이다.

㉠ = 17 + 9 + ☐

   = ☐

10 두께가 1mm인 도화지가 1장 있다. 이 도화지를 반으로 계속 접어서 접은 도화지의 두께가 1cm를 넘으려면 적어도 몇 번 접어야 하는지 구하시오.

답 (　　　)번

[보기]　　2　　10　　4

1 cm =  mm

도화지를 한 번 접을 때마다 두께는 2배가 된다.

접은 횟수(번)	두께(mm)
1	1×2 = 2
2	2×2 = 4
3	4×2 = 8
4	8× □ = 16

4번 접으면 두께가 16mm 이므로 적어도 □ 번 접어야 한다.

STEP 2 기본

11 다음은 삼각형의 4개의 칸에 일정한 규칙으로 수를 써놓은 것이다. ㉠에 알맞은 수를 구하시오.

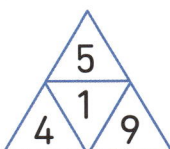 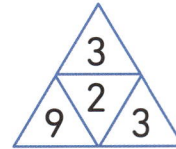 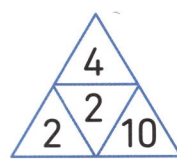 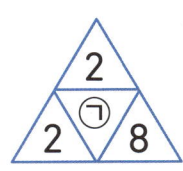

답 (　　　　　)

[보기]　차　3　몫

첫째 삼각형:
9−4=5, 5÷5=1

둘째 삼각형:
9−3=6, 6÷3=2

셋째 삼각형:
10−2=8, 8÷4=2

삼각형의 가운데에 있는 수는 삼각형 아래에 있는 두 수의 차를 삼각형 위에 있는 수로 나눈 몫이다.

8−2=6, 6÷2=3 이므로

㉠ = 3

12

다음과 같이 규칙에 따라 수를 늘어놓을 때 11째에 올 수를 구하시오.

| 1 2 3 5 8 13 21 34 … |

답 (   )

 [보기] 34   55   144

1 + 2 = 3

2 + 3 = 5

3 + 5 = 8

⋮

앞의 두 수를 더하면 뒤의 수가 나오는 규칙이다.

아홉째 : 21 + 34 =

열째 : ▢ + 55 = 89

11째 : 55 + 89 =

13

다음과 같은 규칙으로 바둑돌을 놓았다. 검은색 바둑돌이 36개일 때 흰색 바둑돌은 몇 개인지 구하시오.

첫째 둘째 셋째 넷째

답 (　　　　)개

[보기]　　3　　13　　2

순서	검은색 (개)	흰색 (개)
첫째	1 × 1	3
둘째	2 × 2	3 + 2
셋째	☐ × 3	3 + 2 + 2
넷째	4 × 4	3 + 2 + 2 + 2

검은색 바둑돌이 36개일 때는

36 = 6 × 6이므로 여섯째이다.

흰색 바둑돌은 3개부터 ☐ 개씩

늘어나는 규칙이므로 여섯째는

3 + 2 + 2 + 2 + 2 + 2 = ☐ (개) 놓인다.

14 다음과 같이 면봉으로 모양을 만들고 있다. 면봉 36개로 만들 수 있는 ⬡모양은 모두 몇 개인지 구하시오.

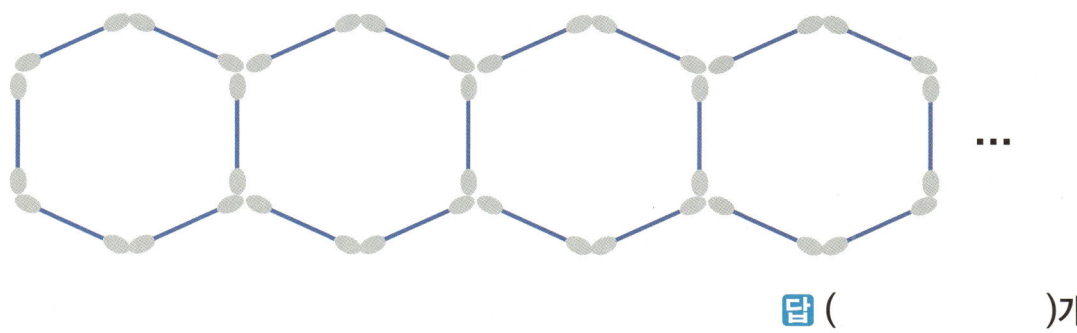

답 (　　　)개

[보기]　30　6　7

모양 1개를 만들 때 필요한 면봉은
☐개이고, 모양을 이어 붙여서
1개를 더 만들 때마다
5개의 면봉이 필요하다.

36-6=30 (개)이고,

☐=5+5+5+5+5+5 이므로

면봉 36개로 만들 수 있는

모양은 1+6=☐(개)이다.

01 다음 수의 배열에서 규칙을 찾아 빈칸에 알맞은 수를 구하시오.

답 (   )

[보기] 500 5516 300

4016부터 시작하여 → 방향으로
100, 200, ____, ⋯ 씩 커지는
규칙이다.
빈칸에 알맞은 수
= 5016 + ____
= ____

02 다음 나눗셈식의 배열에서 규칙을 찾아 빈칸에 알맞은 식을 구하시오.

$$6000 \div 200 = 30$$
$$6600 \div 200 = 33$$
$$7200 \div 200 = 36$$
$$\boxed{}$$
$$8400 \div 200 = 42$$

답 (   )

 [보기] 7800   3   39

6000부터 600씩 커지는 수를

200으로 나누면 몫은 씩 커진다.

빈칸에 알맞은 식 :

 ÷ 200 =

03 바둑돌로 만든 모양의 배열을 보고 여섯째 모양을 만드는 데 필요한 바둑돌의 수를 구하시오.

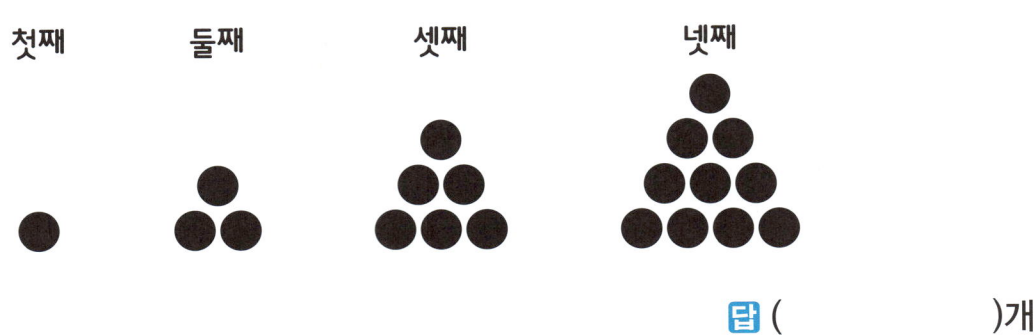

답 (　　　)개

[보기]　　1　4　21

순서	바둑돌의 수(개)
첫째	1
둘째	1+2
셋째	1+2+3
넷째	1+2+3+☐

바둑돌의 수가 ☐ 개부터 시작하여 2개, 3개, 4개, … 씩 늘어나는 규칙이다.

여섯째 모양에 필요한 바둑돌의 수
= 1+2+3+4+5+6 = ☐ (개)

04
다음 수의 배열에서 규칙을 찾아 ㉠, ㉡에 알맞은 수의 합을 구하시오.

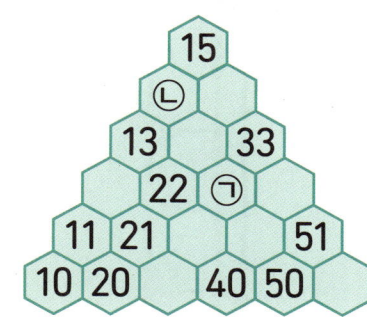

답 ( )

[보기] 10 46 1

→ 방향으로 씩 커지고,
↗ 방향으로 1씩 커지는 규칙이다.

㉠ = 22+10

= 32

㉡ = 13+

= 14

㉠ + ㉡ = 32+14

=

 월 일

05 다음과 같이 면봉으로 사각형 모양을 만들고 있다. 사각형 6개를 만드는 데 필요한 면봉은 모두 몇 개인지 구하시오.

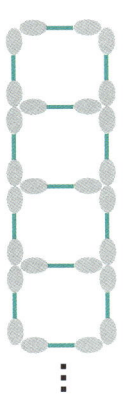

답 (　　　)개

[보기] 4   3   19

사각형의 수(개)	면봉의 수(개)
1	4
2	4+3
3	4+3+3
4	4+3+3+3

사각형이 1개씩 늘어날 때마다

면봉은 ☐ 개씩 늘어나는 규칙이다.

사각형 6개를 만드는 데
필요한 면봉의 수
= ☐ +3+3+3+3+3 = ☐ (개)

06 다음은 바둑돌로 만든 모양의 배열이다. 다섯째에 알맞은 모양에서 검은색 바둑돌의 수와 흰색 바둑돌의 수의 차는 몇 개인지 구하시오.

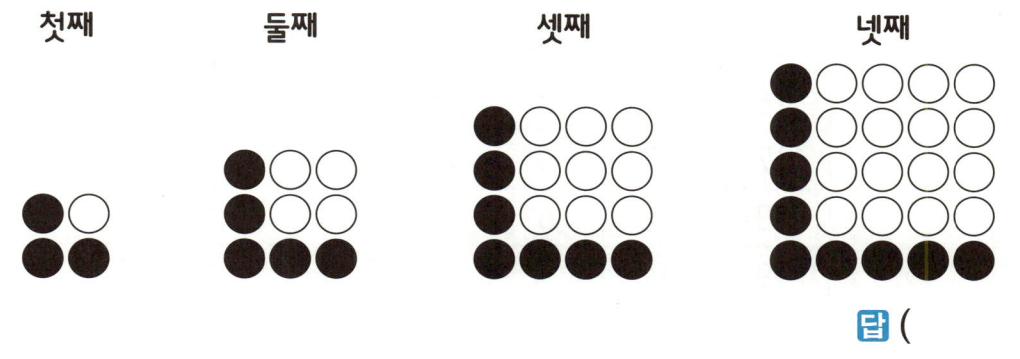

답 (　　　　)개

[보기]　　5　　2　　14

순서	검은색 (개)	흰색 (개)
첫째	3	1×1
둘째	3+2	2×2
셋째	3+2+2	3×3
넷째	3+2+2+☐	4×4

다섯째 모양에서

검은색 바둑돌 = 3+2+2+2+2

　　　　　　　= 11 (개)

흰색 바둑돌 = ☐ × 5 = 25 (개)

25 − 11 = ☐ (개)

07 다음 곱셈표에서 규칙을 찾아 빈칸에 공통으로 들어갈 알맞은 수를 구하시오.

×	201	202	203	204	205
15	5	0	5	0	5
16	6	2		4	0
17	7	4	1	8	5
18	8	6	4	2	0
19	9		7	6	5

답 (   )

[보기]   2   18   8

두 수의 곱의 일의 자리 숫자를 쓰는 규칙이다.

203×16에서 일의 자리 수끼리의 곱은 3×6 = ☐ 이므로 곱의 일의 자리 숫자는 8이다.

202×19에서 일의 자리 수끼리의 곱은 ☐ ×9=18이므로 곱의 일의 자리 숫자는 8이다.

빈칸에 공통으로 들어갈 알맞은 수: ☐

08
다음과 같은 방법으로 끈을 자르려고 한다. 잘린 끈이 11개가 되려면 끈을 몇 번 잘라야 하는지 구하시오.

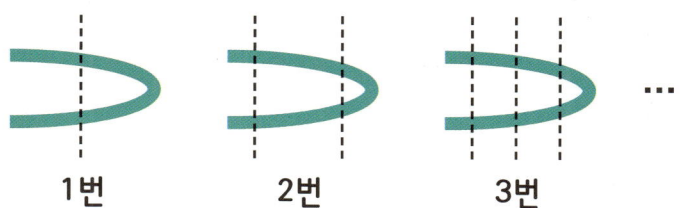

1번 2번 3번

답 ( )번

[보기]   8   2   5

끈을 한 번 자르면 잘린 끈은 3개가 되고, 끈을 한 번 더 자를 때마다 잘린 끈은 ☐개씩 늘어난다.

11-3 = 8(개)이고,

☐ = 2+2+2+2 이므로

잘린 끈이 11개가 되려면

1+4 = ☐(번) 잘라야 한다.

똑바로 따라 쓰며 똑똑히 푸는
서울대 선배들의 똑똑필사

2022 개정 교육과정 반영

초등 수학
문제 풀이
식(式) 쓰기

이윤원 저

정답 및 풀이

4-1

다락원

빠르게 확인하는 정답

1 큰 수

STEP 1 (14~27쪽)

01	55970원	02	4개월 후	03	10000배	04	75620
05	5개	06	3개	07	85697	08	6억 9000만
09	2750억	10	412356	11	8조 2400억	12	24
13	13장	14	40000명				

STEP 2 (28~41쪽)

01	46570원	02	295000원	03	100000배	04	14089
05	2개	06	5개	07	523410	08	5조 2000억
09	6조 250억	10	698750	11	15억 2000만	12	41
13	28장	14	250000명				

STEP 3 (42~49쪽)

01	5400억	02	9	03	140235	04	18억 8000만
05	5개	06	2040년	07	4조 9800억	08	약 10000cm

2 각도

STEP 1 (52~65쪽)

01	78°	02	65	03	70	04	185°
05	70°	06	75°	07	125°	08	70°
09	540°	10	120°	11	120°	12	360°
13	360°	14	115°				

STEP 2 (66~79쪽)

01	10°	02	205°	03	15°	04	25°
05	95°	06	20°	07	130°	08	80°
09	720°	10	105°	11	70°	12	540°
13	360°	14	80°				

STEP 3 (80~87쪽)

01	105°	02	45°	03	240°	04	30°
05	190°	06	120°	07	75°	08	100°

3 곱셈과 나눗셈

STEP 1 90~103 쪽

01 6500원	02 18200g	03 18모둠	04 8개
05 20	06 35개	07 3	08 5
09 16	10 5개	11 25그루	12 4600원
13 19	14 15대		

STEP 2 104~117 쪽

01 2625개	02 608개	03 3권	04 6개
05 311	06 12개	07 9135	08 3
09 34	10 6개	11 40그루	12 8500원
13 26	14 15대		

STEP 3 118~125 쪽

| 01 47 | 02 21900L | 03 250원 | 04 371 |
| 05 23 | 06 39 | 07 2100원 | 08 17개 |

4 평면도형의 이동

STEP 1 128~141 쪽

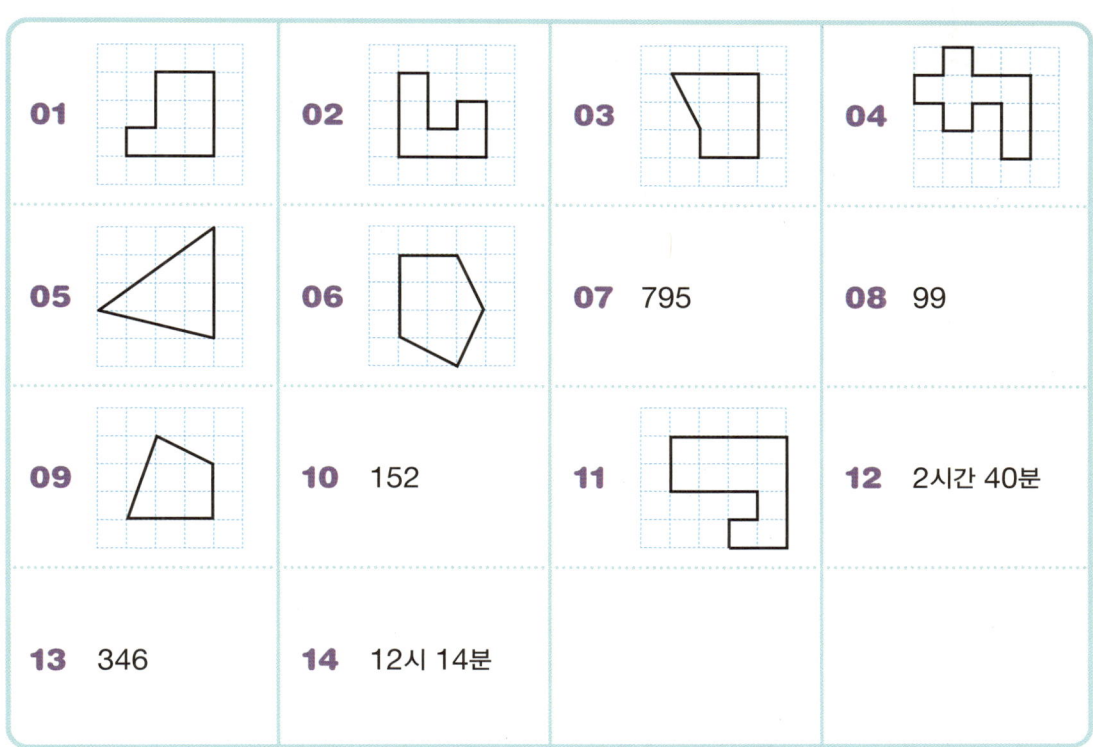

07 795	08 99
10 152	12 2시간 40분
13 346	14 12시 14분

빠르게 확인하는 **정답**

142~155 쪽

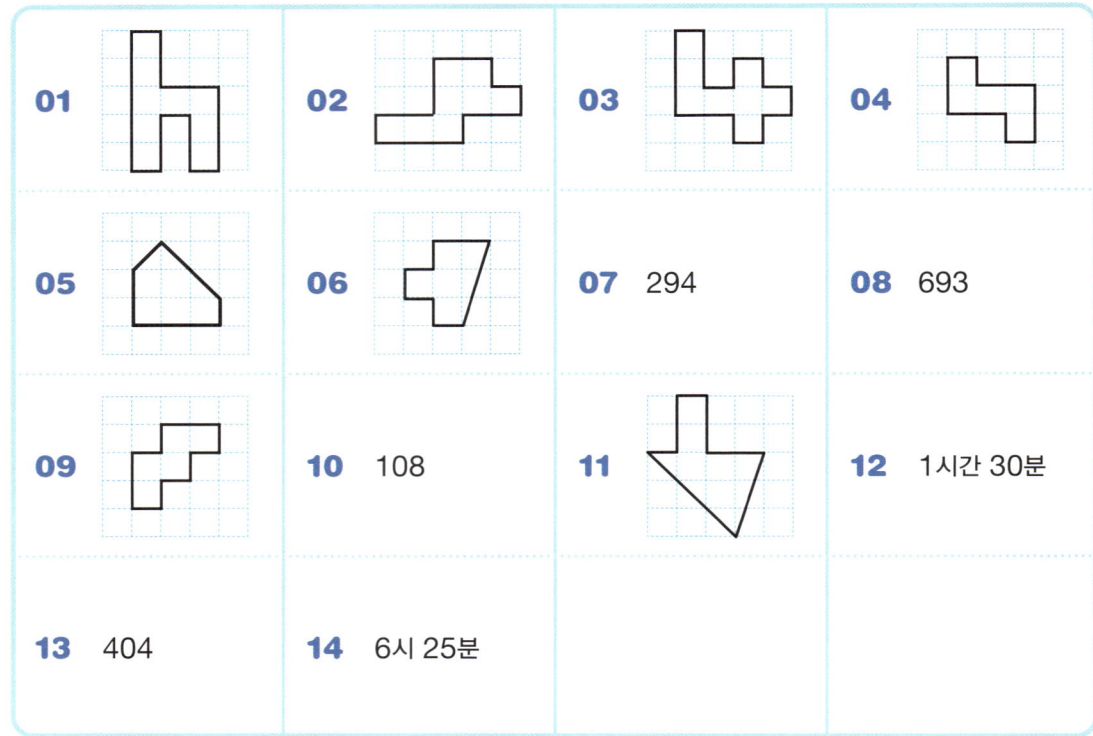

07 294
08 693
10 108
12 1시간 30분
13 404
14 6시 25분

STEP 3
156~163 쪽

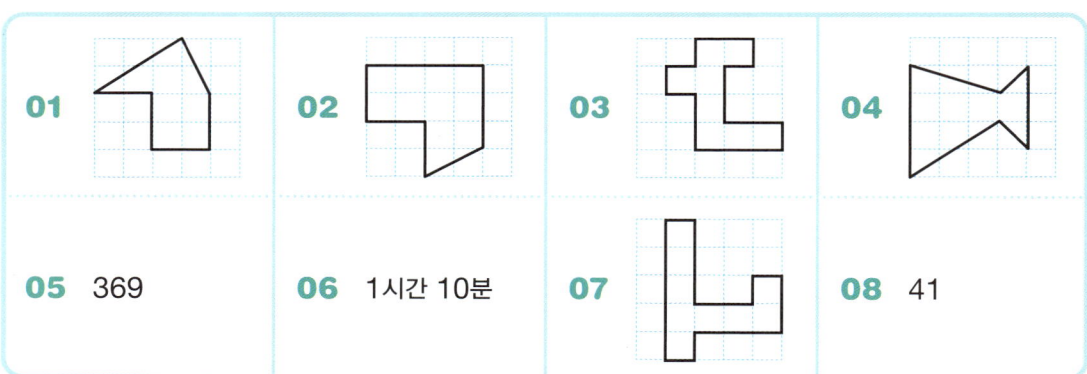

05 369
06 1시간 10분
08 41

5 막대그래프

STEP 1 166~179쪽

01 160번	02 3배	03 9개	04 18명
05 16명	06 4200원	07 2500원	08 3상자
09 5칸	10 14명	11 260쪽	12 24칸
13 9칸	14 25명		

STEP 2 180~193쪽

01 40상자	02 18명	03 18개	04 160권
05 22명	06 88개	07 800원	08 9상자
09 6칸	10 21명	11 480mL	12 36칸
13 3칸	14 30명		

STEP 3 194~201쪽

01 35명	02 15칸	03 8권	04 24명
05 3번	06 16명	07 32분	08 5명

6 규칙 찾기

STEP 1 204~217쪽

01 7100	02 64	03 2574	04 21개
05 700+700=1400	06 36×11=396	07 15개	08 23
09 43	10 3번	11 4	12 89
13 11개	14 6개		

STEP 2 218~231쪽

01 72	02 6480	03 4654	04 20개
05 2200-400=1800	06 55×9=11×45	07 25개	08 31
09 37	10 4번	11 3	12 144
13 13개	14 7개		

STEP 3 232~239쪽

01 5516	02 7800÷200=39	03 21개	04 46
05 19개	06 14개	07 8	08 5번

1단원 큰 수

STEP 1　　14~27 쪽

01 (55970)원　난이도 하

10000원 4장 → 40000원
1000원 15장 → 15000원
100원 6개 →　　600원
10원 37개 →　　370원
―――――――――――――
　　　　　　　55970원

02 (4)개월 후　난이도 하

45000에서 25000씩
뛰어 세면
45000-70000-95000
-120000-145000이다.
45000에서 25000씩
4번 뛰어 센 수가
145000이므로 4개월 후에
운동화를 살 수 있다.

03 (10000)배　난이도 하

㉠은 십억의 자리 숫자이므로
5000000000을 나타내고,
㉡은 십만의 자리 숫자이므로
500000을 나타낸다.
5000000000은 500000보다
0이 4개 더 많으므로
㉠이 나타내는 값은 ㉡이
나타내는 값의 10000배이다.

04 (75620)　난이도 중

7 > 6 > 5 > 2 > 0
백의 자리 숫자가 6인
다섯 자리 수 :
☐ ☐ ⑥ ☐ ☐
남은 수를 큰 수부터
높은 자리에 차례대로 놓는다.
백의 자리 숫자가 6인 수 중
가장 큰 수 : 75620

05 (5)개

십만부터 천의 자리 수까지
각각 같으므로 십의 자리 수를
비교하면 1 < 6 이다.
□는 4보다 커야 하므로
□ 안에 들어갈 수 있는 수:
5, 6, 7, 8, 9 → 5개

06 (3)개

1억이   6개 → 600000000
1만이 250개 →   2500000
일이 853개 →   853
―――――――――――――――
              602500853

602500853이므로
0은 모두 3개이다.

07 (85697)

5, 6, 7, 8, 9를 한 번씩 사용해
만든 다섯 자리 수 → □□□□□
85000보다 크고 86000보다
작은 수 → ⑧⑤□□□
백의 자리 숫자는 짝수이므로
6이다. → ⑧⑤⑥□□
십의 자리 숫자는 일의 자리
숫자보다 크므로 9이고,
일의 자리 숫자는 7이다.
→ 85697

08 (6)억 (9000)만

눈금 5칸이
7억 5000만 - 6억 5000만 =
1억이므로 눈금 한 칸은
2000만을 나타낸다.
㉠이 나타내는 수는
6억 5000만에서 2000만씩
2번 뛰어 센 수이므로
6억 5000만 - 6억 7000만 -
6억 9000만이다.

1단원 큰 수

09 (2750)억

9500억에서 1500억씩 거꾸로 5번 뛰어 세면 어떤 수는 9500억-8000억-6500억-5000억-3500억-2000억이다.
바르게 뛰어 센 수는 2000억에서 150억씩 5번 뛰어 센 수이므로 2000억-2150억-2300억-2450억-2600억-2750억이다.

10 (412356)

40만보다 큰 여섯 자리 수 중 가장 작은 수는 412356이고, 40만보다 작은 여섯 자리 수 중 가장 큰 수는 365421이다.
412356 - 400000 = 12356
400000 - 365421 = 34579
12356 < 34579 이므로 만들 수 있는 여섯 자리 수 중 40만에 가장 가까운 수 : 412356

11 (8)조 (2400)억

2번 뛰어 세어서 2200억이 커졌으므로 1100억씩 뛰어 세는 규칙이다.
7조 8000억에서 1100억씩 4번 뛰어 세면
7조 8000억 - 7조 9100억 - 8조 200억 - 8조 1300억 - 8조 2400억이다.

12 (24)

100000이 16개 → 1600000
10000이 27개 → 270000
100이 13개 →   1300
10이 37개 →   370
─────────────────
              1871670

1895670 - 1871670 = 24000 이므로 24000은 1000이 24개인 수이다.
□ = 24

13 (13)장 난이도 최상

8300000원은 100만 원짜리 수표로 18장까지 바꿀 수 있으므로

100만 원(장)	10만 원(장)	합(장)
18	3	21
17	13	30
⋮	⋮	⋮

은행에서 찾은 수표가 모두 30장이므로
100만 원짜리 수표는 17장,
10만 원짜리 수표는 13장이다.

14 (40000)명 난이도 최상

40억 원은
4000000000원이고,
10만 원은 100000원이다.
4000000000은 100000의
40000배이므로 한 사람이
10만 원씩 기부한다면
40000명이 기부해야 한다.

STEP 2   28~41 쪽

01 (46570)원 난이도 하

10000원 3장 → 30000원

1000원 14장 → 14000원

100원 25개 → 2500원

10원 7개 →   70원
　　　　　　　──────
　　　　　　　46570원

02 (295000)원 난이도 하

175000에서 40000씩

3번 뛰어 세면

175000 - 215000 -

255000 - 295000 이다.

3개월 후 시호의 통장에 있는 돈:

295000원

1단원 큰 수

03 (100000)배 난이도 하

㉠은 십억의 자리 숫자이므로 3000000000을 나타내고,

㉡은 만의 자리 숫자이므로 30000을 나타낸다.

3000000000은 30000보다 0이 5개 더 많으므로

㉠이 나타내는 값은 ㉡이 나타내는 값의 100000배이다.

04 (14089) 난이도 중

0 < 1 < 4 < 8 < 9

천의 자리 숫자가 4인 다섯 자리 수:

□ ④ □ □ □

만의 자리에 0이 올 수 없으므로 백의 자리에 0을 놓은 다음, 남은 수를 작은 수부터 높은 자리에 차례대로 놓는다.

천의 자리 숫자가 4인 수 중 가장 작은 수: 14089

05 (2)개

억부터 백만의 자리 수까지 각각 같으므로 만의 자리 수를 비교하면 8<9이다.

□는 2보다 작아야 하므로

□ 안에 들어갈 수 있는 수:

0, 1 → 2개

06 (5)개

1억이 10개 → 1000000000
1만이 205개 →   2050000
일이 49개 →   49
──────────────
           1002050049

1002050049이므로

0은 모두 5개이다.

07 (523410)

0, 1, 2, 3, 4, 5를 한 번씩 사용해 만든 여섯 자리 수 → □□□□□□

523000보다 크고 524000보다 작은 수 → 5 2 3 □ □ □

백의 자리 숫자는 만의 자리 숫자 2의 2배이므로 4이다.

→ 5 2 3 4 □ □

십의 자리 숫자는 홀수이므로 1이고, 일의 자리 숫자는 0이다.

→ 523410

1단원 큰 수

08 (5)조 (2000)억 난이도 상

눈금 5칸이

7조 - 4조 = 3조이므로

눈금 한 칸은

6000억을 나타낸다.

㉠이 나타내는 수는 4조에서

6000억씩 2번 뛰어 센 수이므로

4조 - 4조 6000억 -

5조 2000억이다.

09 (6)조 (250)억 난이도 상

6조 7000억에서 1500억씩 거꾸로

5번 뛰어 세면 어떤 수는

6조 7000억 - 6조 5500억 -

6조 4000억 - 6조 2500억 -

6조 1000억 - 5조 9500억이다.

바르게 뛰어 센 수는

5조 9500억에서 150억씩

5번 뛰어 센 수이므로

5조 9500억 - 5조 9650억 -

5조 9800억 - 5조 9950억 -

6조 100억 - 6조 250억이다.

10 (698750)

70만보다 큰 여섯 자리 수 중 가장 작은 수는 705689이고, 70만보다 작은 여섯 자리 수 중 가장 큰 수는 698750이다.

705689 - 700000 = 5689

700000 - 698750 = 1250

5689 > 1250 이므로

만들 수 있는 여섯 자리 수 중 70만에 가장 가까운 수:

698750

11 (15)억 (2000)만

2번 뛰어 세어서 6400만이 커졌으므로 3200만씩 뛰어 세는 규칙이다.

13억 6000만에서 3200만씩 5번 뛰어 세면

13억 6000만 - 13억 9200만 - 14억 2400만 - 14억 5600만 - 14억 8800만 - 15억 2000만이다.

1단원 큰 수

12 (41)

1000000이 3개 → 3000000
10000이 25개 → 250000
1000이 11개 → 11000
100이 19개 → 1900
─────────────
3262900

7362900 - 3262900 =
4100000이므로 4100000은
10000이 41개인 수이다.
□ = 41

13 (28)장

24800000원은 100만 원짜리
수표로 24장까지 바꿀 수 있으므로

100만 원(장)	10만 원(장)	합(장)
24	8	32
23	18	41
22	28	50
⋮	⋮	⋮

은행에서 찾은 수표가 모두

50장이므로

100만 원짜리 수표는 22장,

10만 원짜리 수표는 28장이다.

14 (250000)명

25억 원은
2500000000원이고,
만 원은 10000원이다.
2500000000은 10000의
250000배이므로 한 사람이
만 원씩 기부한다면
250000명이 기부해야 한다.

STEP 3 42~49 쪽

01 (5400)억

8000억에서 650억씩 거꾸로
4번 뛰어 세면 어떤 수는
8000억 - 7350억 - 6700억 -
6050억 - 5400억이다.

02 (9)

1조가 58개 → 58조
100억이 179개 → 1조 7900억
―――――――――――――――
　　　　　　　　　59조 7900억

조의 자리 숫자 : 9

1단원 큰 수

03 (140235)

0부터 5까지의 숫자:
0, 1, 2, 3, 4, 5
만의 자리 숫자가 4인 여섯 자리 수:
□④□□□□
십만의 자리에 0이 올 수 없으므로
천의 자리에 0을 놓은 다음,
남은 수를 작은 수부터
높은 자리에 차례대로 놓는다.
만의 자리 숫자가 4인 수 중
가장 작은 수: 140235

04 (18)억 (8000)만

눈금 5칸이
17억 6000만 - 15억 6000만 =
2억이므로 눈금 한 칸은
4000만을 나타낸다.
㉠이 나타내는 수는
17억 6000만에서 4000만씩
3번 뛰어 센 수이므로
17억 6000만 - 18억 -
18억 4000만 - 18억 8000만 이다.

05 (5)개

백만, 십만, 천의 자리 수가
각각 같으므로 백의 자리수를
비교하면 1 > 0 이다.
□는 4보다 커야 하므로
□ 안에 들어갈 수 있는 수:
5, 6, 7, 8, 9 → 5개

06 (2040)년

수출액이 10년 동안

7500만 - 1500만 = 6000만(달러)

증가했으므로 해마다 600만

달러씩 증가하고 있다.

7500만에서 600만씩 뛰어 세면

7500만 (2035년) - 8100만 -

8700만 - 9300만 - 9900만 -

1억 500만 (2040년)이다.

수출액이 처음으로 1억 달러가

넘는 해 : 2040년

07 (4)조 (9800)억

4조 8000억에서 600억씩

뛰어 세면

4조 8000억 - 4조 8600억 -

4조 9200억 - 4조 9800억 -

5조 400억 이다.

5조 - 4조 9800억 = 200억

5조 400억 - 5조 = 400억

200억 < 400억이므로

5조에 가장 가까운 수 :

4조 9800억

1단원 큰 수

08 (10000)cm 난이도 최상

1억 원은 100000000원이고,
천 원은 1000원이다.
100000000은 1000의
100000배이므로
천 원짜리 지폐로 1억 원을 쌓으려면
100000장을 쌓아야 한다.
100000장은 100장의
1000배이므로 천 원짜리 지폐로
1억 원을 쌓으려면 높이는
약 10 × 1000 = 10000 (cm)이다.

2단원 각도

STEP 1 52~65 쪽

01 (78)°

$65° + ㉠ = 143°$

$㉠ = 143° - 65°$

$= 78°$

02 (65)

$75° + 40° + \square = 180°$

$\square = 180° - 75° - 40°$

$= 65°$

03 (70)

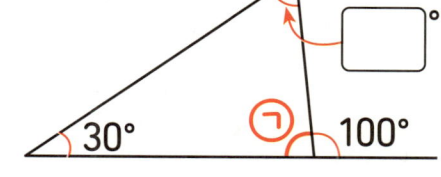

$㉠ + 100° = 180°$

$㉠ = 180° - 100°$

$= 80°$

$\square + 30° + 80° = 180°$

$\square = 180° - 30° - 80°$

$= 70°$

2단원 각도

04 (185)° 난이도 중

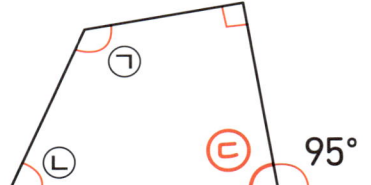

ⓒ + 95° = 180°

ⓒ = 180° - 95°

   = 85°

㉠ + ⓒ + 85° + 90° = 360°

㉠ + ⓒ = 360° - 85° - 90°

     = 185°

05 (70)° 난이도 중

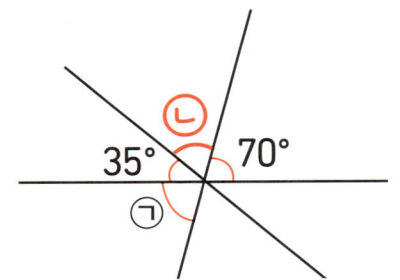

35° + ⓒ + 70° = 180°

ⓒ = 180° - 35° - 70°

   = 75°

75° + 35° + ㉠ = 180°

㉠ = 180° - 75° - 35°

   = 70°

06 (75)°

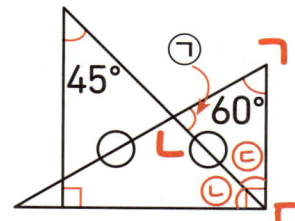

ⓛ = 45°이므로

ⓒ = 90° - 45°
   = 45°

삼각형 ㄱㄴㄷ에서

60° + ㉠ + 45° = 180°

㉠ = 180° - 60° - 45°
   = 75°

07 (125)°

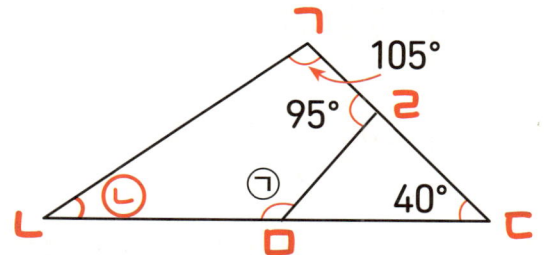

삼각형 ㄱㄴㄷ에서

105° + ⓛ + 40° = 180°

ⓛ = 180° - 105° - 40°
   = 35°

사각형 ㄱㄴㅁㄹ에서

105° + 35° + ㉠ + 95° = 360°

㉠ = 360° - 105° - 35° - 95°
   = 125°

2단원 각도

08 (70)° 난이도 상

㉠ = ㉡ + 55°이므로

㉠ + 70° + 95° + ㉡ = 360°

(㉡ + 55°) + 70° + 95° + ㉡ = 360°

㉡ + ㉡ = 360° − 55° − 70° − 95°

= 140°

㉡ = 140° ÷ 2

= 70°

09 (540)° 난이도 상

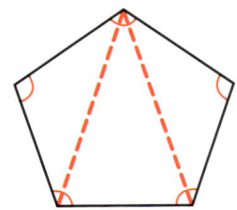

도형을 삼각형 3개로

나눌 수 있다.

도형에 표시된 각의

크기의 합

= 180° × 3

= 540°

10 (120)°

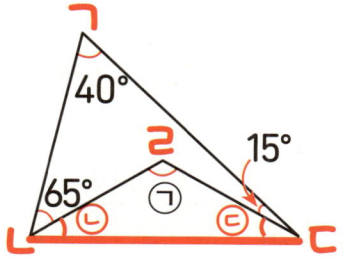

삼각형 ㄱㄴㄷ에서

40°+65°+ㄴ+ㄷ+15° = 180°

ㄴ+ㄷ = 180°- 40°- 65°- 15°

= 60°

삼각형 ㄹㄴㄷ에서

㉠ + ㄴ + ㄷ = 180°

㉠ + 60° = 180°

㉠ = 180°- 60° = 120°

11 (120)°

(각 ㄹㄱㄷ) = (각 ㅂㄱㄷ) = 30°

삼각형 ㄱㄷㄹ에서

30°+ (각 ㄱㄷㄹ) + 90° = 180°

(각 ㄱㄷㄹ) = 180°- 30°- 90°

= 60°

(각 ㄱㄷㅁ) = 90°- 60°

= 30°

삼각형 ㄱㅁㄷ에서

30°+ ㉠ + 30° = 180°

㉠ = 180°- 30°- 30°

= 120°

2단원 각도

12 (360)°

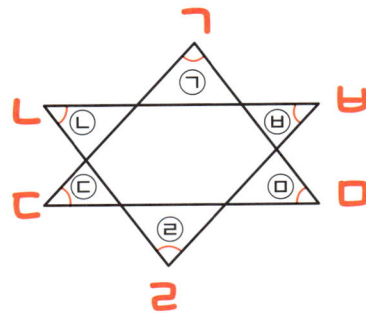

삼각형 ㄱㄷㅁ에서

㉠+㉢+㉤ = 180°,

삼각형 ㄴㄹㅂ에서

㉡+㉣+㉥ = 180°이므로

㉠+㉡+㉢+㉣+㉤+㉥

=(㉠+㉢+㉤)+(㉡+㉣+㉥)

= 180°+180°

= 360°

13 (360)°

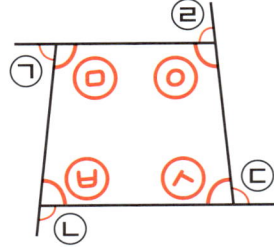

㉠+㉤ = 180°, ㉡+㉥ = 180°,

㉢+㉦ = 180°, ㉣+㉧ = 180°,

㉤+㉥+㉦+㉧ = 360°이므로

㉠+㉡+㉢+㉣

=(㉠+㉤)+(㉡+㉥)+(㉢+㉦)

+(㉣+㉧)−(㉤+㉥+㉦+㉧)

= 180°+180°+180°+180°−360°

= 360°

14 (115)° 난이도 최상

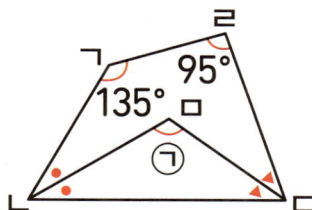

사각형 ㄱㄴㄷㄹ에서

135° + • + • + ▲ + ▲ + 95° = 360°

• + • + ▲ + ▲ = 360° - 135° - 95°

(• + ▲) + (• + ▲) = 130°

• + ▲ = 130° ÷ 2 = 65°

삼각형 ㅁㄴㄷ에서

㉠ + • + ▲ = 180°

㉠ + 65° = 180°

㉠ = 180° - 65° = 115°

STEP 2 66~79 쪽

01 (10)° 난이도 하

㉠ = 35° + 45°

= 80°

㉡ - ㉠ = 90° - 80°

= 10°

02 (205)° 난이도 하

65° + ㉠ + ㉡ + 90° = 360°

㉠ + ㉡ = 360° - 65° - 90°

= 205°

2단원 각도

03 (15)° 난이도 하

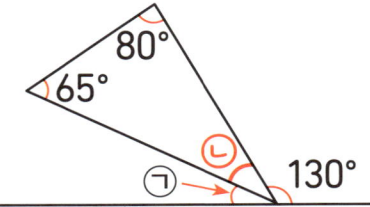

$80° + 65° + ⓒ = 180°$
$ⓒ = 180° - 80° - 65°$
$ = 35°$
$㉠ + 35° + 130° = 180°$
$㉠ = 180° - 35° - 130°$
$ = 15°$

04 (25)° 난이도 중

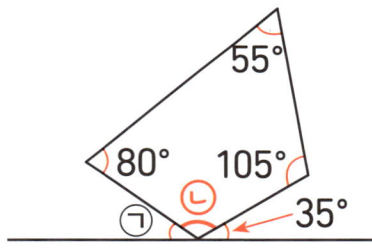

$55° + 80° + ⓒ + 105° = 360°$
$ⓒ = 360° - 55° - 80° - 105°$
$ = 120°$
$㉠ + 120° + 35° = 180°$
$㉠ = 180° - 120° - 35°$
$ = 25°$

05 (95)° 난이도 중

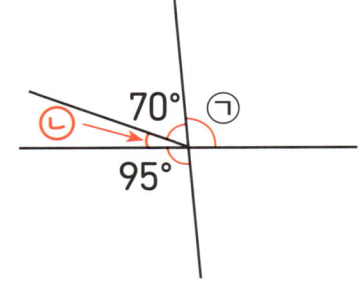

$70° + ⓒ + 95° = 180°$
$ⓒ = 180° - 70° - 95°$
$ = 15°$
$15° + 70° + ㉠ = 180°$
$㉠ = 180° - 15° - 70°$
$ = 95°$

06 (20)°

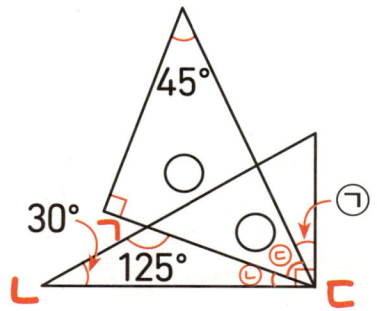

삼각형 ㄱㄴㄷ에서

125° + 30° + ㉡ = 180°

㉡ = 180° - 125° - 30°
  = 25°

㉢ = 45°이므로

25° + 45° + ㉠ = 90°

㉠ = 90° - 25° - 45°
  = 20°

07 (130)°

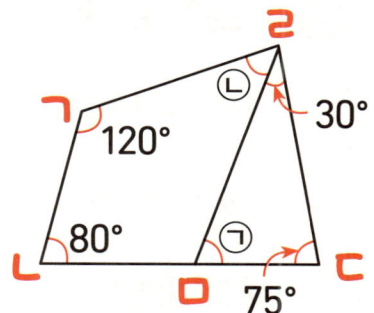

삼각형 ㄹㅁㄷ에서

30° + ㉠ + 75° = 180°

㉠ = 180° - 30° - 75° = 75°

사각형 ㄱㄴㄷㄹ에서

120° + 80° + 75° + 30° + ㉡ = 360°

㉡ = 360° - 120° - 80° - 75° - 30°
  = 55°

㉠ + ㉡ = 75° + 55° = 130°

2단원 각도

08 (80)° 난이도 상

㉠ = ㉡ - 25° 이므로
㉡ + ㉠ + 45° = 180°
㉡ + (㉡ - 25°) + 45° = 180°
㉡ + ㉡ = 180° + 25° - 45°
         = 160°
㉡ = 160° ÷ 2
   = 80°

09 (720)° 난이도 상

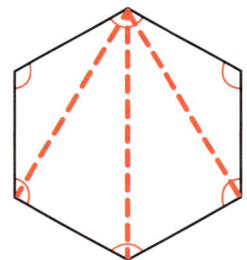

도형을 삼각형 4개로 나눌 수 있다.
도형에 표시된 각의 크기의 합
= 180° × 4
= 720°

10 (105)° 난이도 상

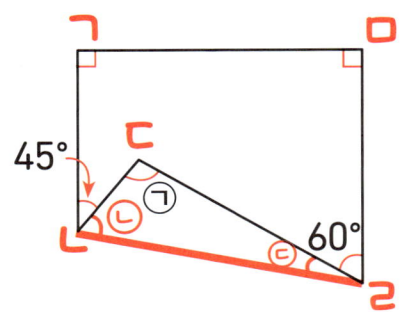

사각형 ㄱㄴㄹㅁ에서
90° + 45° + ㉡ + ㉢ + 60° + 90° = 360°
㉡ + ㉢ = 360° - 90° - 45° - 60° - 90°
       = 75°

삼각형 ㄷㄴㄹ에서
㉠ + ㉡ + ㉢ = 180°
㉠ + 75° = 180°
㉠ = 180° - 75° = 105°

11 (70)°

(각 ㄹㅁㅇ) = (각 ㅂㅁㅇ) = 55°

사각형 ㅁㅇㄷㄹ에서

55° + (각 ㅁㅇㄷ) + 90° + 90° = 360°

(각 ㅁㅇㄷ) = 360° - 55° - 90° - 90°
= 125°

(각 ㅁㅇㅈ) = 180° - 125°
= 55°

삼각형 ㅁㅈㅇ에서

55° + ㉠ + 55° = 180°

㉠ = 180° - 55° - 55°
= 70°

12 (540)°

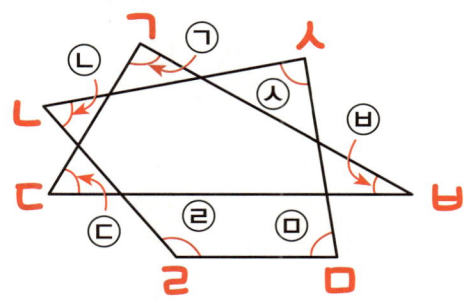

삼각형 ㄱㄷㅂ에서

㉠ + ㉢ + ㉥ = 180°,

사각형 ㄴㄹㅁㅅ에서

㉡ + ㉣ + ㉤ + ㉧ = 360°이므로

㉠ + ㉡ + ㉢ + ㉣ + ㉤ + ㉥ + ㉧
= (㉠ + ㉢ + ㉥) + (㉡ + ㉣ + ㉤ + ㉧)
= 180° + 360°
= 540°

2단원 각도

13 (360)° 난이도: 최상

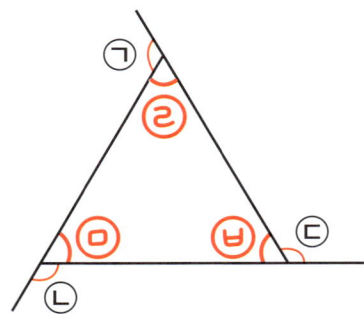

㉠ + ㉢ = 180°, ㉡ + ㉣ = 180°,

㉤ + ㉥ = 180°,

㉢ + ㉣ + ㉥ = 180° 이므로

㉠ + ㉡ + ㉤

= (㉠+㉢) + (㉡+㉣) + (㉤+㉥)
  − (㉢+㉣+㉥)

= 180° + 180° + 180° − 180°

= 360°

14 (80)° 난이도: 최상

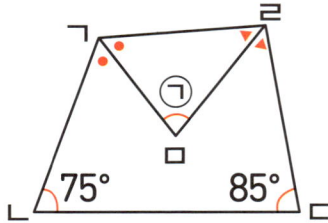

사각형 ㄱㄴㄷㄹ에서

● + ● + 75° + 85° + ▲ + ▲ = 360°

● + ● + ▲ + ▲ = 360° − 75° − 85°

(●+▲) + (●+▲) = 200°

● + ▲ = 200° ÷ 2 = 100°

삼각형 ㄱㅁㄹ에서

● + ㉠ + ▲ = 180°

㉠ + 100° = 180°

㉠ = 180° − 100° = 80°

STEP 3 80~87 쪽

01 (105)° 난이도 하

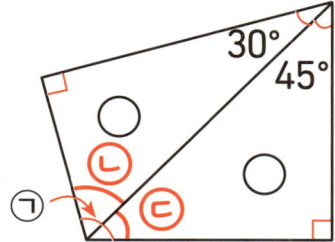

ⓒ = 60°,
ⓒ = 45°이므로
㉠ = 60° + 45°
   = 105°

02 (45)° 난이도 중

왼쪽은 케이크를 8조각으로 나누었으므로 케이크 조각의 각도는 360° ÷ 8 = 45°이고,
오른쪽은 케이크를 4조각으로 나누었으므로 케이크 조각의 각도는 360° ÷ 4 = 90°이다.
90° − 45° = 45°

03 (240)° 난이도 중

㉣ + 75° + ㉠ + ㉡ + ㉢ + 45° = 360°
㉠ + ㉡ + ㉢ + ㉣
= 360° − 75° − 45°
= 240°

04 (30)° 난이도 중

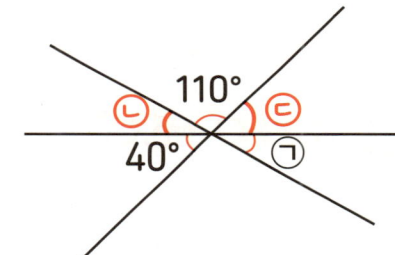

110° + ㉡ + 40° = 180°
ㄴ = 180° − 110° − 40° = 30°
30° + 110° + ㄷ = 180°
ㄷ = 180° − 30° − 110° = 40°
110° + 40° + ㄱ = 180°
ㄱ = 180° − 110° − 40° = 30°

2단원 각도

05 (190)°

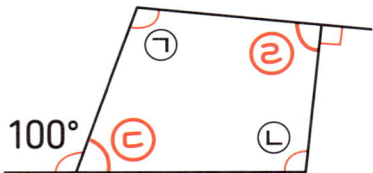

$100° + ㉢ = 180°$
$㉢ = 180° - 100°$
$\quad = 80°$
$㉣ = 90°$ 이므로
$㉠ + 80° + ㉡ + 90° = 360°$
$㉠ + ㉡ = 360° - 80° - 90°$
$\quad = 190°$

06 (120)°

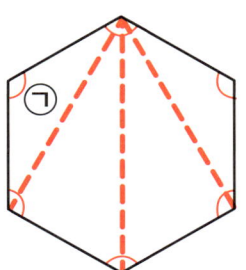

도형을 삼각형 4개로 나눌 수 있다.
도형에 표시된 6개의 각의 크기의 합
$= 180° \times 4 = 720°$
6개의 각의 크기가 모두 같으므로
$㉠ = 720° \div 6 = 120°$

07 (75)°

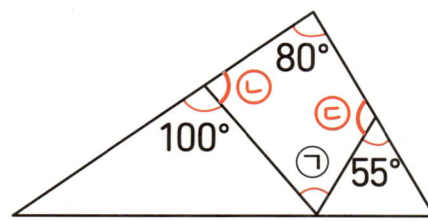

ⓒ = 180° − 100°
　 = 80°

ⓒ = 180° − 55°
　 = 125°

80° + 80° + ㉠ + 125° = 360°

㉠ = 360° − 80° − 80° − 125°
　 = 75°

08 (100)°

(각 ㅁㄴㅂ) = (각 ㅁㄹㅂ) = 40°

(각 ㅁㅂㄴ) = (각 ㅁㅂㄹ) = 65°

삼각형 ㅁㄴㅂ에서

(각 ㄴㅁㅂ) + 40° + 65° = 180°

(각 ㄴㅁㅂ) = 180° − 40° − 65° = 75°

(각 ㄹㅁㅂ) = (각 ㄴㅁㅂ) = 75°

(각 ㄱㅁㄹ) + 75° + 75° = 180°

(각 ㄱㅁㄹ) = 180° − 75° − 75° = 30°

삼각형 ㄱㅁㄹ에서

50° + 30° + ㉠ = 180°

㉠ = 180° − 50° − 30° = 100°

3단원 곱셈과 나눗셈

STEP 1 90~103 쪽

01 (6500)원

초콜릿 30개의 값
= 450 × 30
= 13500 (원)

거스름돈으로 받아야 하는 돈
= 20000 - 13500
= 6500 (원)

02 (18200)g

하루에 먹는 쌀
= 130 × 2
= 260 (g)

70일 동안 먹는 데 필요한 쌀
= 260 × 70
= 18200 (g)

03 (18)모둠

놀이공원에 간 학생 수
= 30 × 9
= 270 (명)

만들 수 있는 모둠 수
= 270 ÷ 15
= 18 (모둠)

04 (8)개

578 ÷ 45
= 12 ⋯ 38 이므로
상자에 담고 남은 감자는
38개이다.
38 ÷ 15 = 2 ⋯ 8 이므로
봉지에 담고 남은 감자는
8개이다.

05 (20)

□로 나누어 떨어지는 수는

99 − 19 = 80이다.

□ × 4 = 80

□ = 80 ÷ 4

　　= 20

06 (35)개

550 ÷ 45

= 12 ··· 10이므로

사탕을 12개씩 나누어 주고,

남는 사탕은 10개이다.

학생이 45명이므로

사탕은 적어도

45 − 10 = 35(개)

더 필요하다.

07 (3)

어떤 수를 □라 하면

□ × 17 = 663

□ = 663 ÷ 17

　　= 39

바르게 계산하면

39 ÷ 13 = 3

08 (5)

9 > 6 > 5 > 2 > 0

가장 큰 세 자리 수 : 965

가장 작은 두 자리 수 : 20

965 ÷ 20 = 48 ··· 5이므로

나머지 : 5

3단원 곱셈과 나눗셈

09 (16) 난이도 상

☐ × 47 = 799일 때

☐ = 799 ÷ 47

  = 17

☐ × 47은 799보다 작아야 하므로

☐ 안에는 17보다 작은 자연수가 들어가야 한다.

☐ 안에 들어갈 수 있는 자연수 중에서 가장 큰 수:

16

10 (5)개 난이도 상

46 × 5 = 230,

46 × 6 = 276이므로

2☐0은 230과 같거나 크고 276보다 작아야 한다.

☐ 안에 들어갈 수 있는 수:

3, 4, 5, 6, 7 → 5개

11 (25)그루 난이도 상

나무 사이의 간격 수

= 552 ÷ 23

= 24 (군데)

필요한 나무의 수

= 24 + 1

= 25 (그루)

12 (4600)원

학생들의 입장료

= 500 × 70 = 35000 (원)

선생님들의 입장료

= 800 × 13 = 10400 (원)

학생과 선생님들의 입장료의 합

= 35000 + 10400

= 45400 (원)

거스름돈으로 받아야 하는 돈

= 50000 - 45400

= 4600 (원)

13 (19)

27 ⊙ 943 의 계산

943 ÷ 27

= 34 ··· 25 이므로

27 ⊙ 943 = 34

662 ⊙ (27 ⊙ 943)

= 662 ⊙ 34

662 ⊙ 34 의 계산

662 ÷ 34

= 19 ··· 16 이므로

662 ⊙ 34 = 19

3단원 곱셈과 나눗셈

14 (15)대 난이도 최상

189 ÷ 25 = 7 … 14 이므로
3학년 학생이 소풍을 가는 데
필요한 버스는 7+1=8(대)이다.
4학년 학생은
189-20=169(명) 이고
169÷25=6…19 이므로
4학년 학생이 소풍을 가는 데
필요한 버스는 6+1=7(대)이다.
버스는 모두 8+7=15(대)
필요하다.

STEP 2　104~117 쪽

01 (2625)개 난이도 하

3주일은 7×3=21 (일) 이므로
21일 동안 현서가 푼
수학 문제의 수
= 125 × 21
= 2625 (개)

02 (608)개 난이도 하

나누어 놓은 반죽의 수
= 760 ÷ 20
= 38 (개)
필요한 초콜릿의 수
= 38 × 16
= 608 (개)

03 (3)권

상자 속에 들어 있는 책의 무게의 합
= 201 - 30
= 171(g)
상자 속에 들어 있는 책의 수
= 171 ÷ 57
= 3(권)

04 (6)개

840 ÷ 53 = 15 … 45 이므로 상자에 담고 남은 쿠키는 45개이다.
45 ÷ 13 = 3 … 6 이므로 봉지에 담고 남은 쿠키는 6개이다.

05 (311)

□ 안에 가장 큰 수가 들어가려면 △는 나머지가 될 수 있는 수 중 가장 큰 수인 38이 되어야 한다.
39 × 7 = 273,
273 + 38 = □
□ = 311

06 (12)개

413 ÷ 25
= 16 … 13 이므로
지우개를 16개씩 나누어 주고, 남는 지우개는 13개이다.
학생이 25명이므로 지우개는 적어도
25 - 13 = 12(개)
더 필요하다.

3단원 곱셈과 나눗셈

07 (9135) 난이도 중

어떤 수를 □라 하면
□ ÷ 35 = 7 … 16 이므로
35 × 7 = 245,
245 + 16 = □
□ = 261
바르게 계산하면
261 × 35 = 9135

08 (3) 난이도 상

3 < 4 < 6 < 7 < 8
가장 작은 세 자리 수 : 346
가장 큰 두 자리 수 : 87
346 ÷ 87 = 3 … 85 이므로
몫 : 3

09 (34) 난이도 상

□ × 28 = 928일 때
928 ÷ 28 = 33 … 4이고
□ × 28은 928보다
커야 하므로
□ 안에는 33보다 큰 자연수가
들어가야 한다.
□ 안에 들어갈 수 있는
자연수 중에서 가장 작은 수 :
34

10 (6)개 난이도 상

61 × 7 = 427,
61 × 8 = 488 이므로
4□9는 427과 같거나
크고 488보다 작아야 한다.
□ 안에 들어갈 수 있는 수 :
2, 3, 4, 5, 6, 7 → 6개

11 (40)그루

나무 사이의 간격 수
= 342 ÷ 18
= 19 (군데)
도로의 한쪽에 필요한 나무의 수
= 19 + 1
= 20 (그루)
도로의 양쪽에 필요한 나무의 수
= 20 × 2
= 40 (그루)

12 (8500)원

학생들의 입장료
= 600 × 80 = 48000 (원)
선생님들의 입장료
= 900 × 15 = 13500 (원)
학생과 선생님들의 입장료의 합
= 48000 + 13500
= 61500 (원)
거스름돈으로 받아야 하는 돈
= 70000 - 61500
= 8500 (원)

3단원 곱셈과 나눗셈

13 (26) 난이도 최상

847◎23의 계산
847÷23
=36…19 이므로
847◎23=36
(847◎23)◎961
=36◎961
36◎961의 계산
961÷36
=26…25이므로
36◎961 = 26

14 (15)대 난이도 최상

224÷35 = 6 … 14 이므로
3학년 학생이 소풍을 가는 데
필요한 버스는 6+1=7(대)이다.
4학년 학생은
224+30 = 254(명)이고
254÷35 = 7…9이므로
4학년 학생이 소풍을 가는 데
필요한 버스는 7+1=8(대)이다.
버스는 모두 7+8 =15(대)
필요하다.

STEP 3 118~125 쪽

01 (47) 난이도 하

□ × 8 = 376

□ = 376 ÷ 8

   = 47

02 (21900)L 난이도 중

하루에 절약하는 물의 양

= 20 × 3

= 60 (L)

1년 동안 절약할 수 있는 물의 양

= 60 × 365

= 21900 (L)

03 (250)원 난이도 중

꽈배기 25개를 모두 낱개로 살 때 금액

= 350 × 25

= 8750 (원)

낱개보다 상자로 살 때 더 싸게 살 수 있는 금액

= 8750 − 8500

= 250 (원)

3단원 곱셈과 나눗셈

04 (371) 난이도 중

어떤 수를 □라 하면

□ ÷ 50 = 7 … 21 이므로

50 × 7 = 350,

350 + 21 = □

□ = 371

어떤 수 : 371

05 (23) 난이도 상

9 > 8 > 5 > 3 > 2

가장 큰 세 자리 수 : 985

가장 작은 두 자리 수 : 23

985 ÷ 23 = 42 … 19 이므로

몫과 나머지의 차

= 42 - 19

= 23

06 (39) 난이도 상

14 × □ = 555일 때

555 ÷ 14 = 39 … 9 이고

14 × □는 555보다

작아야 하므로

□ 안에는 39와 같거나

작은 자연수가 들어가야 한다.

□ 안에 들어갈 수 있는

자연수 중에서 가장 큰 수 :

39

07 (2100)원

난이도: 상

$458 \div 58 = 7 \cdots 52$ 이므로

젤리를 7개씩 나누어 줄 수 있고,

남는 젤리는 52개이다.

학생이 58명이므로

젤리는 적어도 $58 - 52 = 6$ (개)

더 필요하다.

모자란 젤리를 사려면 적어도

$350 \times 6 = 2100$ (원)이

필요하다.

08 (17)개

난이도: 최상

가로등 사이의 간격 수

$= 35 - 1 = 34$ (군데)

도로의 길이

$= 16 \times 34 = 544$ (m)

가로등을 34m 간격으로 설치한다면

가로등 사이의 간격 수

$= 544 \div 34 = 16$ (군데)

필요한 가로등의 수

$= 16 + 1 = 17$ (개)

4단원 평면도형의 이동

STEP 1 128~141 쪽

01 풀이 참조   난이도 하

도형을 어느 방향으로 여러 번 밀어도 도형의 모양은 그대로이고 위치만 바뀐다.

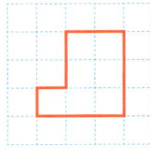

02 풀이 참조   난이도 하

도형을 같은 방향으로 4번 뒤집은 도형은 처음 도형과 같다.

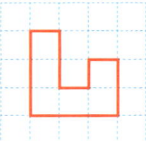

03 풀이 참조   난이도 하

(시계 방향으로 90°만큼 5번 돌린 도형)
= (시계 방향으로 90°만큼 1번 돌린 도형)

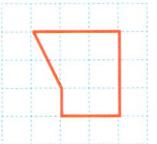

04 풀이 참조   난이도 중

(위쪽으로 5번 뒤집은 도형)
= (위쪽으로 1번 뒤집은 도형)

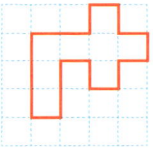

↓

(왼쪽으로 3번 뒤집은 도형)
= (왼쪽으로 1번 뒤집은 도형)

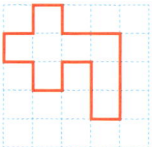

05 풀이 참조 난이도 중

도형을 시계 방향으로 90°만큼 돌리는 규칙이다.

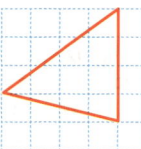

06 풀이 참조 난이도 중

(아래쪽으로 8번 뒤집은 도형)
=(처음 도형)
↓
(시계 반대 방향으로 90°만큼 7번 돌린 도형)
=(시계 반대 방향으로 90°만큼 3번 돌린 도형)

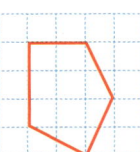

07 (795) 난이도 중

시계 방향으로 180°만큼 돌린 수:
981
981 − 186 = 795

08 (99) 난이도 상

아래쪽으로 뒤집은 수:
281
오른쪽으로 뒤집은 수:
182
281 − 182 = 99

09 풀이 참조 난이도 상

잘못 움직인 도형을 왼쪽으로 뒤집으면 처음 도형이 된다.

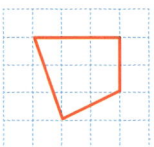

↓

처음 도형을 위쪽으로 뒤집으면 바르게 움직인 도형이 된다.

4단원 평면도형의 이동

10 (152) 난이도 상

1 < 2 < 5 < 8

만들 수 있는

가장 작은 세 자리 수 :

125

아래쪽으로 뒤집은 수 :

152

11 풀이 참조 난이도 상

위쪽으로 뒤집기 전의 도형은
아래쪽으로 뒤집은 도형과 같다.

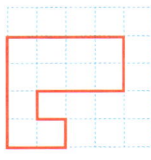

↓

왼쪽으로 뒤집기 전의 도형은
오른쪽으로 뒤집은 도형과 같다.

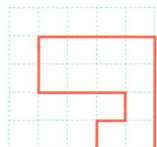

12 (2)시간 (40)분 난이도 상

거울에 비친 시계를 오른쪽으로
뒤집으면

현재 시각은 3시 10분이다.

10분 후는 3시 20분이므로

6시 − 3시 20분 = 2시간 40분

13 (346) 난이도 최상

시계 방향으로 180° 만큼 돌린 수 :

162

어떤 수를 □라 하면

□ − 162 = 475

□ = 475 + 162
  = 637

바르게 계산하면

637 − 291 = 346

14 (12)시 (14)분

철봉에 거꾸로 매달려서 시계를 본 모양은 시계를 시계 방향으로 180°만큼 돌린 모양과 같다.
시계를 거꾸로 본 모양을 시계 반대 방향으로 180°만큼 돌리면 12:09이므로 5분 후 시각은 12시 14분이다.

STEP 2　　142~155 쪽

01 풀이 참조

도형을 어느 방향으로 여러 번 밀어도 도형의 모양은 그대로이고 위치만 바뀐다.

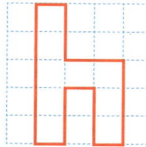

02 풀이 참조

도형을 같은 방향으로 4번 뒤집은 도형은 처음 도형과 같다.

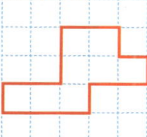

4단원 평면도형의 이동

03 풀이 참조

(시계 방향으로 90°만큼 6번 돌린 도형)
= (시계 방향으로 90°만큼 2번 돌린 도형)
= (시계 방향으로 180°만큼 1번 돌린 도형)

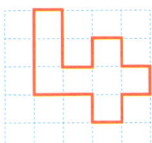

04 풀이 참조

(오른쪽으로 2번 뒤집은 도형)
= (처음 도형)

(아래쪽으로 5번 뒤집은 도형)
= (아래쪽으로 1번 뒤집은 도형)

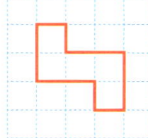

05 풀이 참조

도형을 시계 반대 방향으로 90°만큼 돌리는 규칙이다.

06 풀이 참조

(시계 방향으로 270°만큼 6번 돌린 도형)
= (시계 반대 방향으로 90°만큼 6번 돌린 도형)
= (시계 반대 방향으로 90°만큼 2번 돌린 도형)

07 (294)

오른쪽으로 뒤집은 수:
812
812 - 518 = 294

08 (693)   난이도 상

아래쪽으로 뒤집은 수 :
158

왼쪽으로 뒤집은 수 :
851

851 - 158 = 693

09 풀이 참조   난이도 상

잘못 움직인 도형을 위쪽으로
뒤집으면 처음 도형이 된다.

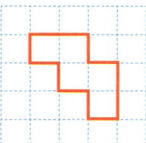

↓

처음 도형을 왼쪽으로 뒤집으면
바르게 움직인 도형이 된다.

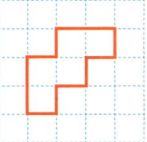

10 (108)   난이도 상

0 < 1 < 5 < 8

만들 수 있는

가장 작은 세 자리 수 :
105

두 번째로 작은 세 자리 수 :
108

아래쪽으로 뒤집은 수 :
108

11 풀이 참조   난이도 상

아래쪽으로 뒤집기 전의 도형은
위쪽으로 뒤집은 도형과 같다.

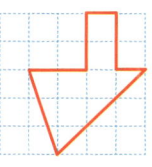

↓

오른쪽으로 뒤집기 전의 도형은
왼쪽으로 뒤집은 도형과 같다.

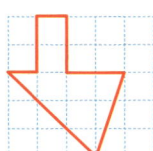

4단원 평면도형의 이동

12 (1)시간 (30)분 난이도 상

거울에 비친 시계를 오른쪽으로 뒤집으면

현재 시각은 5시 25분이다.

5분 후는 5시 30분이므로

7시 - 5시 30분 = 1시간 30분

13 (404) 난이도 최상

시계 방향으로 180°만큼 돌린 수:

591

어떤 수를 □라 하면

□ + 591 = 830

□ = 830 - 591

= 239

바르게 계산하면

239 + 165 = 404

14 (6)시 (25)분 난이도 최상

철봉에 거꾸로 매달려서 시계를 본 모양은 시계를 시계 방향으로 180°만큼 돌린 모양과 같다.

시계를 거꾸로 본 모양을 시계 반대 방향으로 180°만큼 돌리면 06:15 이므로

10분 후 시각은 6시 25분이다.

STEP 3　156~163 쪽

01 풀이 참조　난이도 하

도형을 어느 방향으로 여러 번 밀어도 도형의 모양은 그대로이고 위치만 바뀐다.

02 풀이 참조　난이도 중

(시계 반대 방향으로 90°만큼 13번 돌린 도형)
=(시계 반대 방향으로 90°만큼 1번 돌린 도형)

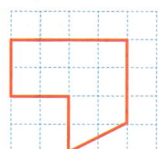

03 풀이 참조　난이도 중

(위쪽으로 4번 뒤집은 도형)
=(처음 도형)
(오른쪽으로 3번 뒤집은 도형)
=(오른쪽으로 1번 뒤집은 도형)

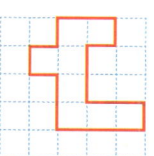

04 풀이 참조　난이도 중

(시계 반대 방향으로 180°만큼 2번 돌린 도형)
=(처음 도형)
(시계 방향으로 90°만큼 9번 돌린 도형)
=(시계 방향으로 90°만큼 1번 돌린 도형)

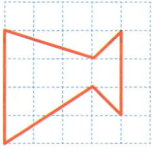

4단원 평면도형의 이동

05 (369) 난이도 상

9 > 6 > 5 > 2 > 1

만들 수 있는

가장 큰 세 자리 수:

965

시계 반대 방향으로

180°만큼 돌린 수:

596

965 - 596 = 369

06 (1)시간 (10)분 난이도 상

거울에 비친 시계를

오른쪽으로 뒤집으면

현재 시각은 7시 50분이다.

9시 - 7시 50분 = 1시간 10분

07 풀이 참조 난이도 상

아래쪽으로 뒤집기 전의 도형은

위쪽으로 뒤집은 도형과 같다.

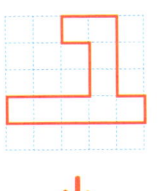

↓

시계 반대 방향으로 90°만큼

돌리기 전의 도형은 시계방향

으로 90°만큼 돌린 도형과 같다.

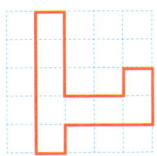

08 (41) 난이도 최상

시계 반대 방향으로 180°만큼

돌린 수 : 82

어떤 수를 □라 하면

82 + □ = 95

□ = 95 - 82

= 13

바르게 계산하면

28 + 13 = 41

5단원 막대그래프

STEP 1 166~179 쪽

01 (160)번

세로 눈금 한 칸은

100 ÷ 5 = 20(번)을 나타내고,

목요일과 월요일의 막대 길이의

차는 8칸이므로

목요일은 월요일보다 줄넘기를

20 × 8 = 160 (번) 더 넘었다.

02 (3)배

가로 눈금 한 칸은

20 ÷ 5 = 4(명)을 나타내므로

6학년 학생 수 4 × 9 = 36(명)은

3학년 학생 수 4 × 3 = 12(명)의

36 ÷ 12 = 3(배)이다.

03 (9)개

민혜네 모둠의 세로 눈금 한 칸은

1개를 나타내므로

민혜: 7개, 주연: 5개,

소민: 9개의 사탕을 먹었다.

시호네 모둠의 세로 눈금 한 칸은

10 ÷ 5 = 2(개)를 나타내므로

시호: 2 × 7 = 14 (개), 현수: 2 × 6 = 12 (개),

정규: 2 × 4 = 8 (개)의 사탕을 먹었다.

14 - 5 = 9 (개)

04 (18)명

사과 막대의 세로 눈금 4칸이

8명을 나타내므로 세로 눈금 한 칸은

8 ÷ 4 = 2(명)을 나타낸다.

배를 좋아하는 학생은

2 × 9 = 18 (명)이다.

5단원 막대그래프

05 (16)명

남학생과 여학생의 막대 길이의 차가 가장 큰 반은 3반이다.
세로 눈금 한 칸은 1명을 나타내고
3반은 남학생 10명,
여학생 6명이므로
모두 10 + 6 = 16(명)이다.

06 (4200)원

왼쪽 막대그래프의 세로 눈금 한 칸은 1개를 나타내므로 사과는 6개 샀다.
오른쪽 막대그래프의 세로 눈금 한 칸은
500 ÷ 5 = 100(원)을 나타내므로
사과 한 개의 가격은
100 × 7 = 700(원)이다.
사과를 사는 데 쓴 돈은
700 × 6 = 4200(원)이다.

07 (2500)원

가로 눈금 한 칸은
500 ÷ 5 = 100(원)을 나타내므로
우유는 100 × 8 = 800(원),
사탕은 100 × 6 = 600(원),
빵은 100 × 11 = 1100(원)이다.
은채가 산 물건 가격의 합은
800 + 600 + 1100 = 2500(원)이므로
거스름돈으로 5000 - 2500 = 2500(원)
받아야 한다.

08 (3)상자

가로 눈금 한 칸은 1개를 나타내므로
한 상자에 차는 8개 들어 있다.
자를 학생 24명에게 한 개씩
나누어 주려면 적어도
24 ÷ 8 = 3(상자)가 필요하다.

09 (5)칸

피자를 좋아하는 학생은
32-7-5-6-4 = 10(명)으로
가장 많다.
10명까지 나타낼 수 있어야 하고,
가로 눈금 한 칸이 2명을 나타내므로
가로 눈금은 적어도 10÷2 = 5(칸)
있어야 한다.

10 (14)명

봄의 막대는 가을의 막대보다
2칸 더 길다.
세로 눈금 2칸이 4명이므로
세로 눈금 한 칸은 4÷2 = 2(명)을
나타낸다.
봄을 좋아하는 학생은
2×7 = 14(명)이다.

11 (260)쪽

세로 눈금 한 칸은
50÷5 = 10(쪽)을 나타내므로
규리는 10×3 = 30(쪽),
아영이는 30×3 = 90(쪽)을 읽었다.
수민이의 막대 길이는 5+4=9(칸)이므로
수민이는 10×9 = 90(쪽)을 읽었다.
네 사람이 하루 동안 읽은 책의 쪽수
= 50+90+90+30 = 260(쪽)

5단원 막대그래프

12 (24)칸 난이도 상

1시간은 60분이므로 가로 눈금 한 칸은
60÷5=12(분)을 나타낸다.
대전역까지의 소요 시간은
12×8=96(분)이므로
가로 눈금 한 칸이 4분을 나타내는
막대그래프로 바꿔 그린다면
96÷4=24(칸)으로
그려야 한다.

13 (9)칸 난이도 최상

나 마을의 포도 생산량 60상자가
세로 눈금 6칸이므로 세로 눈금 한 칸은
60÷6=10(상자)를 나타낸다.
마을별 포도 생산량을 구하면
가 마을은 10×5=50(상자),
다 마을은 10×8=80(상자)이므로
라 마을은
280-50-60-80=90(상자)이고
90÷10=9(칸)으로 그려야 한다.

14 (25)명 난이도 최상

막대의 세로 눈금이 일본 2칸, 영국 5칸, 미국 8칸, 중국 3칸이므로 모두 2+5+8+3=18(칸)이다.
세로 눈금 18칸이 90명을 나타내므로 세로 눈금 한 칸은 90÷18=5(명)을 나타낸다. 이날 경복궁에 방문한 미국인 5×8=40(명)은 중국인 5×3=15(명)보다 40-15=25(명) 더 많다.

STEP 2   180~193쪽

01 (40)상자 난이도 하

가로 눈금 한 칸은 50÷5=10(상자)를 나타내므로 자두는 10×4=40(상자), 귤은 10×8=80(상자) 팔았다. 귤은 자두보다 80-40=40(상자) 더 많이 팔았다.

02 (18)명 난이도 하

세로 눈금 한 칸은 10÷5=2(명)을 나타내므로 마을별 초등학생 수는
가 마을 2×4=8(명),
다 마을 2×8=16(명),
라 마을 2×4=8(명)이다.
나 마을의 초등학생은 50-8-16-8=18(명)이다.

5단원 막대그래프

03 (18)개 난이도 하

준우네 모둠의 세로 눈금 한 칸은
10÷5=2(개)를 나타내므로
준우: 2×8=16(개), 지민: 2×9=18(개),
지후: 2×6=12(개)의 구슬이 있다.
대규네 모둠의 세로 눈금 한 칸은
25÷5=5(개)를 나타내므로
대규: 5×3=15(개), 소현: 5×4=20(개),
정아: 5×6=30(개)의 구슬이 있다.
30-12=18(개)

04 (160)권 난이도 중

영어책 막대의 세로 눈금 5칸이
100권을 나타내므로 세로 눈금 한 칸은
100÷5=20(권)을 나타낸다.
란희가 가지고 있는 역사책은
20×8=160(권)이다.

05 (22)명 난이도 중

남학생과 여학생의 막대 길이 차가
가장 적은 반은 1반이다.
세로 눈금 한 칸은
10÷5=2(명)을 나타내고
1반은 남학생 2×5=10(명),
여학생 2×6=12(명)이므로
모두 10+12=22(명)이다.

06 (88)개 난이도 중

왼쪽 막대그래프의 세로 눈금
한 칸은 1상자를 나타내므로
참외는 4상자 샀다.
오른쪽 막대그래프의 세로 눈금
한 칸은 10÷5=2(개)를 나타내므로
참외 한 상자에 2×11=22(개)씩
들어 있다.
참외는 모두 22×4=88(개) 샀다.

07 (800)원

가로 눈금 한 칸은
1000÷5=200(원)을 나타내므로
라면은 200×7=1400(원),
물은 200×5=1000(원),
김밥은 200×9=1800(원)이다.
태희가 산 물건 가격의 합은
1400+1000+1800=4200(원)이므로
거스름돈으로 5000-4200=800(원)
받아야 한다.

08 (9)상자

세로 눈금 한 칸은 1개를 나타내므로
한 상자에 과자는 4개 들어 있다.
과자를 학생 36명에게 한 개씩
나누어주려면 적어도
36÷4=9(상자)가 필요하다.

09 (6)칸

동물원에 가 보고 싶은 학생은
100-25-15-10-20=30(명)으로
가장 많다.
30명까지 나타낼 수 있어야 하고,
가로 눈금 한 칸이 5명을 나타내므로
가로 눈금은 적어도 30÷5=6(칸)
있어야 한다.

10 (21)명

가을의 막대는 겨울의 막대보다
2칸 더 길다.
세로 눈금 2칸이 6명이므로
세로 눈금 한 칸은 6÷2=3(명)을
나타낸다.
겨울을 좋아하는 학생은
3×7=21(명)이다.

5단원 막대그래프

11 (480)mL

세로 눈금 한 칸은
100÷5=20(mL)를 나타내므로
윤하는 20×3=60(mL),
진서는 60×3=180(mL)를 마셨다.
은재의 막대 길이는 5+2=7(칸)이므로
은재는 20×7=140(mL)를 마셨다.
네 사람이 하루 동안 마신 물의 양
=100+180+140+60
=480(mL)

12 (36)칸

1시간은 60분이므로 가로눈금 한 칸은
60÷5=12(분)을 나타낸다.
목포역까지의 소요 시간은
12×9=108(분)이므로
가로 눈금 한 칸이 3분을 나타내는
막대그래프로 바꿔 그린다면
108÷3=36(칸)으로
그려야 한다.

13 (3)칸

가 마을의 감자 생산량 56상자가
세로눈금 7칸이므로 세로 눈금 한 칸은
56÷7=8(상자)를 나타낸다.
마을별 감자 생산량을 구하면
나 마을은 8×5=40(상자),
다 마을은 8×9=72(상자)이므로
라 마을은
192-56-40-72=24(상자)이고
24÷8=3(칸)으로 그려야 한다.

14 (30)명 　난이도 최상

막대의 세로 눈금이 영국 2칸, 인도 7칸, 태국 4칸, 대만 5칸이므로 모두 2+7+4+5=18(칸)이다. 세로 눈금 18칸이 108명을 나타내므로 세로 눈금 한 칸은 108÷18=6(명)을 나타낸다. 이날 창덕궁에 방문한 인도인 6×7=42(명)은 영국인 6×2=12(명)보다 42-12=30(명) 더 많다.

STEP 3　　194~201 쪽

01 (35)명 　난이도 하

세로 눈금 한 칸은
25÷5=5(명)을 나타내므로
피구를 좋아하는 학생은
5×7=35(명)이다.

02 (15)칸 　난이도 중

세로 눈금 한 칸은
100÷5=20(개)를 나타내므로
한 달 동안 팔린 토끼 인형 수는
20×3=60(개)이다.
세로 눈금 한 칸을 4개로 바꾸어
다시 나타낸다면 토끼 인형은
60÷4=15(칸)으로
나타내야 한다.

5단원 막대그래프

03 (8)권

인혜네 모둠의 세로 눈금 한 칸은
1권을 나타내므로
인혜: 7권, 자영: 6권,
하음: 10권의 책을 읽었다.
연서네 모둠의 세로 눈금 한 칸은
10÷5=2(권)을 나타내므로
연서: 2×6=12(권), 은수: 2×7=14(권),
여원: 2×5=10(권)의 책을 읽었다.
14-6=8(권)

04 (24)명

안경을 쓴 남학생과 여학생의
막대 길이의 차가 가장 큰 학년은
5학년이다.
가로 눈금 한 칸은
10÷5=2(명)을 나타내고
5학년 학생들 중에서 안경을 쓴
남학생은 2×8=16(명),
여학생은 2×4=8(명)이므로
모두 16+8=24(명)이다.

05 (3)번

왼쪽 막대그래프의 세로 눈금 한 칸은
15÷5=3(명)을 나타내므로
3반의 학생 수는 3×9=27(명)이다.
오른쪽 막대그래프의 세로 눈금 한 칸은
1명을 나타내므로 정글보트는
한 번에 10명까지 탈수 있다.
27÷10=2…7 이므로 모두 타려면
적어도 2+1=3(번)을 타야 한다.

06 (16)명

막대의 세로 눈금이
가수는 4칸, 요리사는 8칸,
의사는 7칸, 교사는 6칸이므로
모두 4+8+7+6 = 25(칸) 이다.
세로 눈금 25칸이 50명을 나타내므로
세로 눈금 한 칸은 50÷25=2(명)을
나타낸다.
장래 희망이 요리사인 학생은
2 × 8 = 16(명)이다.

08 (5)명

취미가 운동인 학생과
독서인 학생 수의 합은
24 - 5 - 7 = 12(명) 이다.
취미가 운동인 학생을 □명이라 하면
독서인 학생은 (□+2)명이므로
□ + (□+2) = 12
□ + □ = 12 - 2 = 10
□ = 10 ÷ 2 = 5
취미가 운동인 학생 수 : 5명

07 (32)분

월요일에 게임을 한 시간 28분이
세로 눈금 7칸이므로 세로눈금 한 칸은
28 ÷ 7 = 4(분)을 나타낸다.
요일별 게임을 한 시간을 구하면
화요일은 4 × 10 = 40(분),
수요일은 4 × 11 = 44(분),
금요일은 4 × 6 = 24(분)이므로
목요일은
168 - 28 - 40 - 44 - 24 = 32(분)이다.

6단원 규칙 찾기

STEP 1 204~217 쪽

01 (7100) 난이도 하

8100부터 시작하여
→ 방향으로 250씩
작아지는 규칙이다.
빈칸에 알맞은 수
= 7350 - 250
= 7100

02 (64) 난이도 하

가로는 왼쪽의 수를 4로 나눈
몫을 오른쪽에 쓰는 규칙이다.

㉠ = 64 ÷ 4
  = 16

㉡ = 192 ÷ 4
  = 48

㉠ + ㉡ = 16 + 48
    = 64

03 (2574) 난이도 하

가로는 왼쪽의 수와 2의 곱을
오른쪽에 쓰는 규칙이다.

㉠ = 117 × 2
  = 234

세로는 위쪽의 수와 3의 곱을
아래 쪽에 쓰는 규칙이다.

㉡ = 936 × 3
  = 2808

㉡ - ㉠ = 2808 - 234
    = 2574

04 (21)개

순서	삼각형의 수 (개)
첫째	1
둘째	1+2
셋째	1+2+3
넷째	1+2+3+4

삼각형의 수가 1개부터 시작하여 2개, 3개, 4개, … 씩 늘어나는 규칙이다.

여섯째는 1+2+3+4+5+6 = 21(개)가 필요하다.

05 (700+700=1400)

900부터 100씩 작아지는 수에 100씩 작아지는 수를 더하면 계산 결과는 200씩 작아진다.

빈칸에 알맞은 식:

700+700=1400

06 (36×11=396)

176부터 110씩 커지는 수를 11로 나누면 몫이 16부터 10씩 커지는 규칙이므로 16부터 10씩 커지는 수에 11을 곱하면 계산 결과가 176부터 110씩 커지는 규칙이다.

빈칸에 알맞은 곱셈식:

36×11=396

6단원 규칙 찾기

07 (15)개

삼각형의 수(개)	면봉의 수(개)
1	3
2	3+2
3	3+2+2
4	3+2+2+2

삼각형이 1개씩 늘어날 때마다 면봉은 2개씩 늘어나는 규칙이다.
삼각형 7개를 만드는 데 필요한 면봉의 수
= 3+2+2+2+2+2+2 = 15 (개)

08 (23)

아랫줄의 두 수의 합이 윗줄의 가운데 수와 같다.

㉠ = 3+4
　 = 7

㉡ = ㉠ + 9
　 = 7 + 9
　 = 16

㉠ + ㉡ = 7 + 16
　　　 = 23

09 (43)

1부터 시작하여 ↘ 방향의 수:
1 →⁺² 3 →⁺⁴ 7 →⁺⁶ 13 →⁺⁸ 21

1부터 시작하여 2, 4, 6, 8, …씩 커지는 규칙이다.

㉠ = 21 + 10 + 12
　 = 43

10 (3)번

1cm = 10mm

도화지를 한 번 접을 때마다 두께는 2배가 된다.

접은 횟수(번)	두께(mm)
1	2×2 = 4
2	4×2 = 8
3	8×2 = 16

3번 접으면 두께가 16mm이므로 적어도 3번 접어야 한다.

11 (4)

첫째 삼각형:

6+10=16, 16÷8 = 2

둘째 삼각형:

3+5 = 8, 8÷2 = 4

셋째 삼각형:

10+5 = 15, 15÷5 = 3

삼각형의 가운데에 있는 수는 삼각형 아래에 있는 두 수의 합을 삼각형 위에 있는 수로 나눈 몫이다.

9+7=16, 16÷4 = 4이므로

㉠ = 4

6단원 규칙 찾기

12 (89) 난이도 상

$1 + 1 = 2$

$1 + 2 = 3$

$2 + 3 = 5$

⋮

앞의 두 수를 더하면 뒤의 수가 나오는 규칙이다.

아홉째: $13 + 21 = 34$

열째: $21 + 34 = 55$

11째: $34 + 55 = 89$

13 (11)개 난이도 최상

순서	검은색 (개)	흰색 (개)
첫째	1×1	3
둘째	2×2	3+2
셋째	3×3	3+2+2
넷째	4×4	3+2+2+2

검은색 바둑돌이 25개일 때는 $25 = 5 \times 5$이므로 다섯째이다.

흰색 바둑돌은 3개부터 2개씩 늘어나는 규칙이므로 다섯째는 $3+2+2+2+2 = 11$(개) 놓인다.

14 (6)개

사각형 1개를 만들 때 필요한 면봉은 4개이고, 사각형을 이어 붙여서 1개 더 만들 때마다 3개의 면봉이 필요하다.
19 - 4 = 15 (개) 이고,
15 = 3+3+3+3+3 이므로
면봉 19개로 만들 수 있는 사각형은 1+5 = 6 (개) 이다.

STEP 2 218~231쪽

01 (72)

288부터 시작하여 왼쪽의 수를 2로 나눈 몫을 오른쪽에 쓰는 규칙이다.
빈칸에 알맞은 수
= 144 ÷ 2
= 72

02 (6480)

가로는 → 방향으로 130씩 작아지는 규칙이다.
㉠ - 130 = 1620
㉠ = 1620 + 130
   = 1750
㉡ = 8360 - 130
   = 8230
㉡ - ㉠ = 8230 - 1750
       = 6480

6단원 규칙 찾기

03 (4654)

가로는 → 방향으로 101씩 커지는 규칙이다.

㉠ = 4327 + 101
 = 4428

세로는 ↓방향으로 2000씩 작아지는 규칙이다.

㉡ = 2226 - 2000
 = 226

㉠ + ㉡ = 4428 + 226
 = 4654

04 (20)개

순서	바둑돌의 수 (개)
첫째	4
둘째	4 + 4
셋째	4 + 4 + 4
넷째	4 + 4 + 4 + 4

바둑돌의 수가 4개부터 시작하여 4개씩 늘어나는 규칙이다.

다섯째는 4 + 4 + 4 + 4 + 4
= 20(개)가 필요하다.

05 (2200-400=1800)

100씩 작아지는 수에서 100씩 커지는 수를 빼면 계산 결과는 200씩 작아진다.

빈칸에 알맞은 식:
2200 - 400 = 1800

06 (55×9=11×45) 난이도 중

15부터 10씩 커지는 수에 9를 곱하면 3부터 2씩 커지는 수에 45를 곱한 것과 같은 규칙이다.
다섯째에 알맞은 곱셈식:
55 × 9 = 11 × 45

07 (25)개 난이도 중

모양의 수(개)	면봉의 수(개)
1	5
2	5+4
3	5+4+4
4	5+4+4+4

모양이 1개씩 늘어날 때마다 면봉은 4개씩 늘어나는 규칙이다.
모양 6개를 만드는 데 필요한 면봉의 수
= 5+4+4+4+4+4 = 25 (개)

08 (31) 난이도 상

아랫줄의 두 수의 합이 윗줄의 가운데 수와 같다.
㉠ = 1 + 2
= 3
㉡ = 12 + 16
= 28
㉠ + ㉡ = 3 + 28
= 31

09 (37) 난이도 상

1부터 시작하여 ↓ 방향의 수:
1 →⁺¹ 2 →⁺³ 5 →⁺⁵ 10 →⁺⁷ 17
1부터 시작하여 1, 3, 5, 7, … 씩 커지는 규칙이다.
㉠ = 17 + 9 + 11
= 37

6단원 규칙 찾기

10 (4)번 난이도 상

1cm = 10mm
도화지를 한 번 접을 때마다
두께는 2배가 된다.

접은 횟수(번)	두께(mm)
1	1×2 = 2
2	2×2 = 4
3	4×2 = 8
4	8×2 = 16

4번 접으면 두께가 16mm 이므로
적어도 4번 접어야 한다.

11 (3) 난이도 상

첫째 삼각형 :
9-4=5, 5÷5=1
둘째 삼각형 :
9-3=6, 6÷3=2
셋째 삼각형 :
10-2=8, 8÷4=2
삼각형의 가운데에 있는 수는
삼각형 아래에 있는 두 수의 차를
삼각형 위에 있는 수로 나눈 몫이다.
8-2=6, 6÷2=3 이므로
㉠ = 3

12 (144)

1 + 2 = 3
2 + 3 = 5
3 + 5 = 8
⋮
앞의 두 수를 더하면 뒤의 수가 나오는 규칙이다.
아홉째 : 21 + 34 = 55
열째 : 34 + 55 = 89
11째 : 55 + 89 = 144

14 (7)개

모양 1개를 만들 때 필요한 면봉은 6개이고, 모양을 이어 붙여서 1개를 더 만들 때마다 5개의 면봉이 필요하다.
36 − 6 = 30 (개)이고,
30 = 5 + 5 + 5 + 5 + 5 + 5 이므로
면봉 36개로 만들 수 있는 모양은 1 + 6 = 7 (개)이다.

13 (13)개

순서	검은색(개)	흰색(개)
첫째	1 × 1	3
둘째	2 × 2	3 + 2
셋째	3 × 3	3 + 2 + 2
넷째	4 × 4	3 + 2 + 2 + 2

검은색 바둑돌이 36개일 때는
36 = 6 × 6이므로 여섯째이다.

흰색 바둑돌은 3개부터 2개씩 늘어나는 규칙이므로 여섯째는
3 + 2 + 2 + 2 + 2 + 2 = 13 (개) 놓인다.

6단원 규칙 찾기

STEP 3 232~239 쪽

01 (5516) 난이도 하

4016부터 시작하여 → 방향으로 100, 200, 300, … 씩 커지는 규칙이다.

빈칸에 알맞은 수
= 5016 + 500
= 5516

02 (7800÷200=39) 난이도 중

6000부터 600씩 커지는 수를 200으로 나누면 몫은 3씩 커진다.

빈칸에 알맞은 식:
7800 ÷ 200 = 39

03 (21)개 난이도 중

순서	바둑돌의 수(개)
첫째	1
둘째	1+2
셋째	1+2+3
넷째	1+2+3+4

바둑돌의 수가 1개부터 시작하여 2개, 3개, 4개, … 씩 늘어나는 규칙이다.

여섯째 모양에 필요한 바둑돌의 수
= 1+2+3+4+5+6 = 21(개)

04 (46)

→ 방향으로 10씩 커지고,
↗ 방향으로 1씩 커지는 규칙이다.

㉠ = 22+10
   = 32

㉡ = 13+1
   = 14

㉠ + ㉡ = 32+14
       = 46

05 (19)개

사각형의 수(개)	면봉의 수(개)
1	4
2	4+3
3	4+3+3
4	4+3+3+3

사각형이 1개씩 늘어날 때마다 면봉은 3개씩 늘어나는 규칙이다.

사각형 6개를 만드는 데 필요한 면봉의 수

= 4+3+3+3+3+3 = 19 (개)

6단원 규칙 찾기

06 (14)개

순서	검은색 (매)	흰색 (매)
첫째	3	1×1
둘째	3+2	2×2
셋째	3+2+2	3×3
넷째	3+2+2+2	4×4

다섯째 모양에서

검은색 바둑돌 = 3+2+2+2+2
= 11 (개)

흰색 바둑돌 = 5×5 = 25 (개)

25 - 11 = 14 (개)

07 (8)

두 수의 곱의 일의 자리 숫자를 쓰는 규칙이다.

203×16에서 일의 자리 수끼리의 곱은 3×6 = 18이므로 곱의 일의 자리 숫자는 8이다.

202×19에서 일의 자리 수끼리의 곱은 2×9 = 18이므로 곱의 일의 자리 숫자는 8이다.

빈칸에 공통으로 들어갈 알맞은 수: 8

08 (5)번 난이도 최상

끈을 한 번 자르면 잘린 끈은 3개가 되고, 끈을 한 번 더 자를 때마다 잘린 끈은 2개씩 늘어난다.

11-3 = 8 (개) 이고,

8 = 2+2+2+2 이므로

잘린 끈이 11개가 되려면

1+4 = 5 (번) 잘라야 한다.